Inhalt

Vorwort

Liebe ...! Lieber ...!

Ich nehme an, daß du im Unterricht bereits einiges über die Nebensätze und die indirekte Rede erfahren hast. Dieses Trainingsbuch will keinen Unterricht und kein Lehrbuch ersetzen. Es soll vielmehr dazu dienen, den bereits behandelten Stoff nochmals nachzuarbeiten, und dir zusätzliche Übungsmöglichkeiten bieten.

Der Stoff ist vor allem für Schüler der 7. und 8. Klassen gedacht. Aber auch Schüler höherer Klassen werden den Band mit Gewinn benützen; sie können Lücken, die im Laufe der Zeit entstanden sind, auffüllen. Auch zur Vorbereitung für eine wichtige Prüfung ist dieser Trainingsband geeignet.

Der erste und größere Teil des Bandes handelt von den Nebensätzen. Ich zeige dir, wie du ganz schnell einen Nebensatz erkennst, welche Arten es gibt, wie du Nebensätze richtig bildest und verwendest.
Der zweite Teil handelt von der indirekten Rede. Mit der haben sogar die Erwachsenen manchmal Probleme. Aber keine Angst! Du wirst sehen, daß es gar nicht schwer ist, bei der indirekten Rede keine Fehler mehr zu machen.

Jedes Kapitel ist folgendermaßen aufgebaut:
1. Einführung in den neuen Stoff
2. Ausführliche Informationskästen mit Merkregeln und Beispielen
3. Übungen
4. Zusammenfassung des behandelten Stoffes und Schlußtest

Die Informationskästen nennen dir alle wichtigen Regeln. Du solltest sie dir auch später immer wieder ansehen, wenn du etwas nicht mehr genau weißt oder verstehst. Zurückblättern ist nicht verboten!
In den Übungen zeigst du dann, ob du den Stoff verstanden hast und ihn richtig anwenden kannst. Laß dir dabei Zeit! Beantworte die Fragen stets schriftlich. Am besten ist es, wenn du dir ein Übungsheft anlegst, in das du deine Antworten einträgst.

Im Lösungsheft siehst du, ob deine Antworten richtig sind. Am Ende des Buches findest du das Verzeichnis der grammatischen Fachausdrücke mit Erklärungen und Beispielen. Dort kannst du immer nachsehen, wenn dir etwas unklar ist.

Du mußt die Kapitel nicht der Reihe nach durcharbeiten. Suche dir aus dem Inhaltsverzeichnis das heraus, was du im Augenblick brauchst. Wenn du die Übungen zu den Nebensätzen und der indirekten Rede gemacht hast, kannst du nebenher sogar kochen lernen und erfährst Geheimnisvolles und Interessantes aus aller Welt und hast vielleicht sogar etwas zu lachen.

Zum Schluß zeige ich dir noch an einem Beispiel, wie schlimm (oder wie gut?) es ist, wenn man die Grammatik nicht ganz beherrscht.

> Fehlerhafte Grammatik stoppte einen Räuber in einem Supermarkt in Windsor (US-Staat Virginia): Der Mann hatte dem Kassierer ein Schild mit der Aufschrift „Das ein Überfall!“ hingehalten. Der mußte so lachen, daß der verunsicherte Ganove nur mit einem Päckchen Zigaretten als Beute die Flucht ergriff.

Ich wünsche dir bei deinem Unternehmen viel Erfolg! Es geht los!!

Teil I: Nebensätze

Einführung

Wer bohrt eigentlich die Löcher in den Käse?

Jeden Sonntag sitzt du vor deinem Käse und fragst dich, wer die vielen Löcher in den Käse gebohrt hat. Ich sage dir, wer das macht.

Der Milch, die langsam auf 30 Grad erwärmt wird, fügt man Bakterien hinzu. Löcher sind noch keine da, weil ja auch noch kein Käse da ist. Nun verwandeln die Bakterien den Milchzucker, der in jeder Milch vorhanden ist, in Milchsäure. Die Milchsäure bringt die Milch zum Gerinnen, so daß ein Teil der Milch fest wird. Nachdem man die wäßrige Molke abgelassen hat, bleibt die halbfeste Käsemasse zurück. Wenn man eine Weile wartet, dann reift der Käse und wird immer fester. Die Bakterien aber leben immer noch und atmen Gas aus, wie wir Menschen es ja auch tun. An verschiedenen Stellen sammelt sich das Gas, das natürlich dort die Käsemasse verdrängt. Endlich sind die berühmten Löcher da, die das Beste am Käse sind.

Dieser Text von der Entstehung der Käse-Löcher besteht nicht nur aus Hauptsätzen, sondern auch aus Nebensätzen. Das ist bei den meisten längeren Texten so. Und weil dies so ist, muß man über Nebensätze Bescheid wissen und mit ihnen richtig umgehen können.

Die erste Frage lautet natürlich: Was ist denn nun ein Nebensatz?
Ein Nebensatz ist wie ein Hauptsatz ein vollständiger Satz: Er besitzt Prädikat und Subjekt. Der Nebensatz ist aber anders aufgebaut als der Hauptsatz. Das kannst du mit einem Blick erkennen.

Achte auf folgende **Merkmale des Nebensatzes:**

1. Im Nebensatz steht das Prädikat (= die konjugierte Verbform) immer am Ende.

Beispiel: Hauptsatz: Löcher sind noch keine da,
Nebensatz: weil ja auch noch kein Käse da ist.

2. Am Beginn des Nebensatzes steht ein Wort, das ihn einleitet und ihn mit dem Hauptsatz verbindet.

Beispiel: Hauptsatz: Löcher sind noch keine da,
Nebensatz: weil ja auch noch kein Käse da ist.

Drei Wortarten können einen Nebensatz einleiten:

a) Unterordnende Konjunktion
Solche Nebensätze heißen Konjunktionalsätze.

Beispiel: Nachdem man Milch auf 30 Grad erwärmt hat, werden Bakterien hinzugefügt.

b) Relativpronomen
Solche Nebensätze nennt man Relativsätze. Im Hauptsatz gibt es ein Wort, auf das sich das Relativpronomen bezieht.

Beispiel: Endlich sind die berühmten Löcher da, die so gut schmecken.

c) Fragewort
Solche Nebensätze heißen indirekte Fragesätze.
Dabei mußt du darauf achten, welche Art der Frage vorliegt:
Ergänzungsfragen (oder W-Fragen) beginnen mit einem Fragewort.
Entscheidungsfragen (oder Ja/Nein-Fragen) beginnen mit dem Wörtchen „ob“.

Beispiele: Du fragst dich, wer die vielen Löcher in den Käse gebohrt hat.
Du fragst dich, ob vielleicht eine Maus die vielen Löcher in den Käse bohrt.

Hinweis zur Zeichensetzung:
Ein Nebensatz wird vom Hauptsatz immer durch ein Komma getrennt, auch wenn er vor dem Hauptsatz steht.

Beispiel: Nachdem man die wäßrige Molke abgelassen hat, bleibt die halbfeste Käsemasse zurück.
An einigen Stellen sammelt sich das Gas, das die Käsemasse verdrängt.

Übung 1:

Finde alle Nebensätze heraus und unterstreiche sie. Kreise zusätzlich die kleinen Wörter ein, die die Nebensätze einleiten.

So wird Käse hergestellt (Fortsetzung)
Milch, Lab und Milchsäure werden zusammengemischt. Die Folge ist, daß diese Mischung langsam dick wird. Die feste Masse, die ein einzelner Mann gar nicht heben kann, wird mit einem Netz herausgeholt. Sie kommt dann in einen Kasten mit einem Deckel, der langsam nach unten gedrückt wird. Die runden Laibe werden in ein Salzbad gelegt, damit sie nicht verderben. Dort bleiben sie, bis sie fest sind. Nach einiger Zeit prüft der Käsemeister den Reifegrad. Nachdem der Käse zwei bis drei Monate gelagert hat, kann er verkauft werden.
Übrigens: Der Emmentaler hat unterschiedlich große Löcher, weil auch die Milchsorten verschieden sind.

Übung 2:

Welche Nebensätze sind Konjunktionalsätze? Trage in die Klammer für Konjunktionalsätze ein Ausrufezeichen ein, andernfalls einen Strich.

Früchte aus fernen Ländern
Zalagh: Diese Frucht, die ( ) eine Schlangenlederhaut hat, besitzt ein trockenes, helles Fruchtfleisch. Wenn ( ) man sie geschält hat, kann man sie sofort essen. Weil ( ) ihr birnenartiger Geschmack gut zu Eis paßt, wird sie gerne gegessen.

Nespoli: Diese kleine Frucht wird manchmal mit einer Pflaume verwechselt, weil ( ) ihre Form ihr sehr ähnlich ist. Das Fruchtfleisch, das ( ) aprikosenfarben ist, gibt viel Saft. Obwohl ( ) es leicht säuerlich schmeckt, paßt es ganz gut zu vielen Speisen.

Carambola: Diese Frucht, die ( ) die Form eines Sternes hat, wirkt auf dem Tisch sehr schön. Man schneidet sie in Scheiben, damit ( ) sich der Rosenduft gut entfaltet. Seltsamerweise stört es die Leute nicht, daß ( ) das Fruchtfleisch etwas modrig schmeckt.

Übung 3:

Welche Nebensätze sind Relativsätze? Trage in die Klammer nur für Relativsätze ein Ausrufezeichen ein und unterstreiche zusätzlich das Bezugswort im Hauptsatz.

Wissenswertes über die Banane
Die Banane wächst rund um den Äquator, der ( ) die Erde wie eine Bauchbinde umgibt. Ursprünglich stammt die Banane aus dem Fernen Osten. Auf den Gewürzstraßen, die ( ) man nach der wichtigsten Ware benannte, kam sie nach Europa. Ungefähr 20 Jahre, nachdem ( ) Amerika entdeckt worden war, brachte ein Missionar die ersten Wurzelstöcke, die ( ) sehr kostbar waren, ins Land. Heute wachsen die Bananen meist in riesigen Plantagen, die ( ) von Wassergräben durchzogen sind. Die Bananen werden grün

geerntet, damit ( ) sie nicht schon vor dem Transport reif sind. In Kühlschiffen, die ( ) eigens dafür gebaut sind, werden sie zu uns gebracht. Erst dann reifen sie aus und warten darauf, daß ( ) du sie ißt.

Übung 4:

Welche Nebensätze sind indirekte Fragen? Wandle sie in direkte Fragen um.

Beispiel: Ich weiß nicht, wer zum Essen kommt. Wer kommt zum Essen?

Die tanzenden Schlangen
Sicher möchtest du wissen, wie die indischen Zauberer ihre Schlangen zum Tanzen bringen. Die Schlangen, welche meist ungefährlich sind, bewegen sich scheinbar nach den Klängen der Musik. Seltsam ist dabei die Tatsache, daß Schlangen von Natur aus taub sind. – Also scheint es unerklärlich, weshalb die Schlangen sich so gut nach der Musik bewegen. – Lange hat man gerätselt, wie die Zauberer das machen. Die Lösung ist einfach: Es sind nicht die Töne, nach denen die Schlangen sich bewegen, sondern die flinken Finger des Zauberers, die den Schlangen den „Takt" angeben.

Übung 5:

Wir sind nun einem weiteren Geheimnis auf der Spur. Unterscheide im folgenden Text die drei Nebensatzarten, und schreibe die jeweiligen Nummern zu den passenden Begriffen.

Das würzige Geheimnis
Kaum jemand weiß die Antwort auf die Frage, wer salzig schmeckt und in diesem Jahr fünfzig Jahr alt geworden ist (1). Ja, er ist es: der Kartoffelchip. Viele wissen auch nicht, wie Kartoffelchips entstehen (2). Nachdem die Kartoffeln mit der Hand sortiert worden sind (3), heißt es erst einmal warten. Ein raffiniertes Lüftungssystem sorgt dafür, daß die Kartoffeln nicht vorzeitig keimen (4). In einer riesigen Trommel werden dann die Kartoffeln geschält und zerkleinert, damit sie leichter verarbeitet werden können (5). Eine Walze, die auf ein Zehntelmillimeter genau arbeitet (6), schneidet sie dann in Scheibchen. In einem Fritierbad, das aus ungefähr 5000 Litern Öl besteht (7), werden sie bei genau 170 Grad erhitzt. Wenn sie gesalzen sind (8), werden sie noch mit verschiedenen Geschmacksstoffen gewürzt. Eine elektronische Waage sorgt schließlich dafür, daß jeder Verbraucher genau die gleiche Menge bekommt (9). Am Ende sind aus einem Kilo Kartoffeln genau 250 g Chips entstanden, die uns aus durchsichtigen Tüten entgegenlächeln (10).

Folgende Nebensätze sind

Konjunktionalsätze: ______________________________

Relativsätze: ______________________________

Indirekte Fragesätze: ______________________________

Nebensätze sind wichtig, weil sie bestimmte Teile des Hauptsatzes ersetzen. Man kann Nebensätze also nicht nur nach ihrer äußeren Form unterscheiden (Konjunktionalsätze, Relativsätze, indirekte Fragesätze), sondern auch danach, welche Teile des Hauptsatzes sie ersetzen.

1. **Gliedsätze** sind Nebensätze, die ein Satzglied ersetzen. Das Satzglied kann das Subjekt, ein Objekt oder eine Umstandsbestimmung (Adverbiale) sein.

Beispiel: Nach dem Ablassen der wäßrigen Molke (= Umstandsbestimmung) bleibt die Käsemasse zurück.
Nachdem man die wäßrige Molke abgelassen hat (= Gliedsatz), bleibt die Käsemasse zurück.

2. **Attributsätze** sind Nebensätze, die ein Attribut (= Beifügung) ersetzen.

Beispiel: Der langsam auf 30 Grad erwärmten Milch fügt man Bakterien hinzu.
Der Milch, die langsam auf 30 Grad erwärmt wird, fügt man Bakterien hinzu.

Damit du dich in diesen Begriffen besser zurechtfindest, werden die zwei Unterscheidungsarten hier noch einmal in Schaubildern dargestellt:

Nebensätze (Form)

Konjunktionalsätze	Relativsätze	Indirekte Fragesätze
als, weil, obwohl	der, welcher, wobei	wer, wie, ob

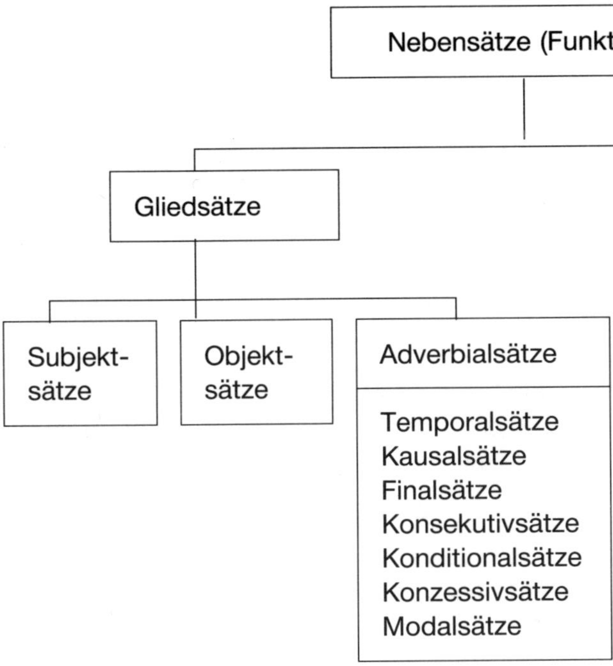
Nebensätze (Funktion)
Gliedsätze
Attributsätze
Subjekt-
sätze
Objekt-
sätze
Adverbialsätze
Temporalsätze
Kausalsätze
Finalsätze
Konsekutivsätze
Konditionalsätze
Konzessivsätze
Modalsätze

Subjekt- und Objektsätze

Mädchen und Jungen

Vor einiger Zeit hat eine Zeitschrift eine Umfrage unter Jugendlichen gemacht. Das interessante Thema lautete: Wie sind Jungen, wie sind Mädchen? Das sind einige Antworten:

Uta: Ich glaube, daß manche Jungen wirklich nett sind. Es kommt darauf an, daß sie hilfsbereit sind. Wie sich einige in der Pause gegenüber Kleineren verhalten, finde ich aber scheußlich.

Pia: Die meisten Jungen sind hilfsbereit. Es kommt manchmal sogar vor, daß Jungen ein Mädchen trösten.

Anna: Die Jungen wollen immer, daß die Mädchen ihnen gehorchen. Darum möchte ich einen hohen Posten im Staat. Die Männer sollen wissen, wo es langgeht.

Richard: Später sind wir froh darüber, daß es Mädchen gibt.

Petra: Bei den Noten spielt es keine Rolle, ob jemand ein Mädchen oder ein Junge ist. Wer begabt ist, ist eben gut.

Übung 1:

Bestimme zunächst, ob der unterstrichene Substantivausdruck in den Hauptsätzen 1–5 S(ubjekt) oder O(bjekt) ist, indem du danach fragst.
Trage dann in die Hauptsätze 6–10 die Nebensätze ein, die inhaltlich dazu passen.

1. Jungen sind später froh <u>über die Existenz der Mädchen.</u> S / O
2. Bei den Noten spielt <u>das Geschlecht</u> keine Rolle. S / O
3. Mädchen finden <u>das Verhalten von Jungen</u> manchmal scheußlich. S / O
4. Es kommt <u>auf die Hilfsbereitschaft der Jungen</u> an. S / O
5. Ein Mädchen glaubt <u>an das nette Wesen von Jungen.</u> S / O

6. Jungen sind später froh darüber, ______________________________
7. Bei den Noten spielt es keine Rolle, ______________________________
8. Mädchen finden es scheußlich, ______________________________
9. Es kommt darauf an, ______________________________
10. Ein Mädchen glaubt daran, ______________________________

Du merkst:
Nebensätze können die Stelle eines Subjekts oder Objekts einnehmen.

Einen Nebensatz, der das Subjekt oder Objekt des Hauptsatzes ersetzt, nennt man **Subjektsatz** bzw. **Objektsatz.** Ob ein Nebensatz ein Subjekt oder Objekt vertritt, kannst du durch Fragen herausfinden.

Beispiele: Frage nach dem Subjekt: Wer oder was ist gut?
Wer begabt ist und gute Noten schreibt, ist gut.
— Subjektsatz —

Frage nach einem Akkusativobjekt: Wen oder was finde ich scheußlich?
Ich finde es scheußlich, wie sich Jungen manchmal benehmen.
— Objektsatz —

Frage nach einem Präpositionalobjekt: Worüber sind wir froh?
Später sind wir (darüber) froh, daß es Mädchen gibt.
— Objektsatz —

Subjekt- und Objektsätze können auf dreifache Weise eingeleitet werden:

a) durch eine unterordnende Konjunktion

Beispiel: Ich finde es schön, wenn Jungen und Mädchen sich gut vertragen.

b) durch ein Relativpronomen

Beispiel: wer fleißig lernt, bekommt auch gute Noten.

c) durch ein Fragewort

Beispiel: Ob du fleißig lernst, weiß ich nicht.

Hinweis:
Subjekt- oder Objektsätze lassen sich durch Infinitivsätze oder Substantivausdrücke ersetzen. Dabei muß jedoch das Subjekt im Hauptsatz und Nebensatz gleich sein.

Beispiel: Ich freue mich (darüber), daß ich im Lotto gewonnen habe.
Ich freue mich (darüber), im Lotto gewonnen zu haben.
Ich freue mich über meinen Lottogewinn.

Übung 2:

Sicher kennst du ein paar Bauernregeln. Ich habe ein wenig Unsinn daraus gemacht. Bringe die verdrehten Lebensweisheiten wieder in Ordnung und füge die unterstrichenen Subjektsätze in die passenden Hauptsätze ein.

Verkehrte Bauernregeln
1. Wer mitessen will, macht mich nicht heiß.
2. Wer zum Pflug geboren ist, wird jedermanns Narr.
3. Was ein Dorn werden will, taugt nicht zum Hasenhetzen.
4. Was von der Henne kommt, sticht.
5. Was ich nicht weiß, gackert.
6. Wer jedermanns Freund sein will, muß mitdreschen.

Übung 3:

Überlege dir, ob der daß-Satz ein Subjekt oder ein Objekt vertritt. Trage die Satznummer beim entsprechenden Begriff ein.

Eigenlob stinkt
Es kommt schon mal vor, daß uns jemand wegen unserer günstigen Preise für ein bißchen verrückt hält (1). Daß dies nicht so ist (2), beweisen unsere zufriedenen Kunden. Die Wahrheit ist vielmehr, daß wir einen umfassenden Kundendienst anbieten (3). Wir garantieren außerdem, daß die Möbel zu Ihnen nach Hause geliefert werden (4). Wir versprechen auch, daß alles vor Ort fachgerecht aufgebaut wird (5). Daß unsere Möbel trotzdem sehr günstig sind (6), hat mit unserer Sparsamkeit zu tun. Daß Sie aber unsere Kataloge kostenlos bekommen (7), betrachten wir als Selbstverständlichkeit.

Subjektsätze: ______________________________

Objektsätze: ______________________________

Übung 4:

Bestimme, welches Objekt der daß-Satz jeweils ersetzt, und trage ihn beim entsprechenden Stichwort ein.

Nessie (Nach einem Bericht des Kapitäns William Brodie)
„Ich war überrascht darüber, daß es ein so großes Tier in einem Binnenmeer gibt. Bald merkte ich, daß es kein Wal war. Ich sah nämlich, daß hinter dem ersten Buckel ein zweiter auftauchte. Dann tauchte das Tier unter. Ich wunderte mich darüber, daß es sich mit großer Geschwindigkeit fortbewegte. Dabei sahen wir, daß das Tier sieben Buckel hatte. Die Bugwelle war die eines schnell fahrenden Motorbootes. Daß dies der Wahrheit entspricht, kann die ganze Mannschaft mit Ausnahme des Heizers bestätigen."

Akkusativobjekte: ____

____

Präpositionalobjekte: ____

____

Übung 5:

Wandle den zweiten Satz in einen Objektsatz um und bestimme, welches Objekt er vertritt. Verwende dabei folgende Abkürzungen: Akk(usativobjekt), Präp(ositionalobjekt)

Beispiel:
Ich staune darüber: Mein Papagei mag keine harten Eier.
Ich staune (darüber), daß mein P. keine harten Eier mag. (Präp)

Rekorde aus der Tierwelt
1. Ich habe gelesen: Der Gepard ist auf der Kurzstrecke bis zu 115 Stundenkilometer schnell.
2. Ich halte es für unvorstellbar: Die tropische Rußseeschwalbe bleibt drei bis vier Jahre ständig in der Luft.
3. Ich wundere mich darüber: Persische Halbesel schaffen die Marathonstrecke in 45 Minuten.
4. Ich wollte es zunächst gar nicht glauben: Der Seglerfisch schwimmt in der Stunde bis zu 110 Kilometer weit.

Übung 6:

Wandle die Hauptsätze in entsprechende Objektsätze um: Aussagesätze werden zu daß-Sätzen. Fragesätze werden zu indirekten Fragesätzen. Achte dabei auf die Art der Fragen.

Fragen und Antworten für kluge Köpfe
1. Welche Stadt ist die älteste der Welt?
2. Wir Menschen leben seit Beginn der Welt erst 30 Sekunden.
3. Wie viele Nervenzellen hat das menschliche Gehirn?
4. Gab es in Deutschland einmal Menschenfresser?
5. Ein leichtes Tuch auf der Stirn erleichtert das Einschlafen.
6. Wir singen das Lied „Stille Nacht“ nicht richtig.
7. Werden Goldfische älter als Menschen?
8. Die australischen Koala-Bären trinken kein Wasser.

Weißt du eigentlich, ...?

Übung 7:

Wandle die Substantivausdrücke in Objektsätze um. Achte auf die nötigen Veränderungen.

Beispiel:
Ich hoffe auf eine gute Zusammenarbeit.
Ich hoffe, daß wir gut zusammenarbeiten.

Das kann man von einem 8jährigen Kind erwarten:
1. die Kenntnis der wichtigsten Verkehrszeichen
2. die richtige Benützung von Gehweg und Fahrbahn
3. die Rücksichtnahme auf andere Verkehrsteilnehmer
4. den sicheren Spurwechsel beim Radfahren
5. das rechtzeitige Erkennen von gefährlichen Situationen
6. die rasche und richtige Reaktion auf plötzliche Ereignisse

Von einem 8jährigen Kind kann man erwarten, daß ...

Übung 8:

Ersetze die unterstrichenen Modalverben durch daß-Sätze. Wähle jeweils einen passenden Hauptsatz aus folgender Liste:

Es ist polizeilich angeordnet – Es ist nämlich sehr sinnvoll – Es ist wichtig für Kinder – Es ist deshalb unbedingt nötig – Von der Polizei ist es ausdrücklich erlaubt – Es muß unbedingt vermieden werden

Beispiel:
Man soll sich nach jedem Essen die Zähne putzen.
Es ist ratsam, daß man sich nach jedem Essen die Zähne putzt.

Kinder haben Vorfahrt
Durch verkehrsberuhigte Straßen müssen Autofahrer besonders rücksichtsvoll und vorsichtig fahren.
Kinder sollen auch auf der Straße spielen.
Sie wollen Erfahrungen in der näheren Umgebung sammeln.
Die Autofahrer müssen deshalb Schrittgeschwindigkeit einhalten.
Kinder dürfen die Straße in ihrer ganzen Breite benützen.
Sie dürfen durch Autos nicht gefährdet oder behindert werden.

Der Dichter Franz Mon hat in einem Gedicht einige bekannte Redensarten neu miteinander gemischt (und dabei Subjektsätze verwendet). Findest du die Redensarten heraus?

In den Schwanz gebissen

wer zuerst lacht lacht zuerst noch
wer zuzweit lacht lacht zweimal
wer gleich lacht lacht doppelt
wer zuerst kommt mahlt am besten
wer zuzweit kommt sieht doppelt
wer nicht kommt lacht als letzter
wer zuletzt kommt beißt die hunde
wen der hund beißt ist der erste

Adverbialsätze – Einführung

Nachdem du bereits erfahren hast, wie die Löcher in den Käse kommen, lösen wir nun ein weiteres Geheimnis. Und das ist süß.

Wie Negerküsse entstehen

Die Grundbestandteile sind Zucker und Eiweiß. Bevor die Negerküsse entstehen können, werden kleine runde Waffelböden in eine Maschine eingelegt. Während dies geschieht, wird an anderer Stelle der Fabrik Zucker gekocht. Der Zucker wird auf etwa 115 Grad erhitzt, damit er sich mit der übrigen Masse leicht verbindet. Dem Zuckersirup fügt man nun leicht erwärmtes Eiweiß hinzu, weil sich so die Zutaten besser miteinander vermischen. Während die Zutaten kochen, werden sie kräftig gerührt, so daß eine feste, cremige Schaummasse entsteht. Wenn sich alles schön verbunden hat, wird diese Masse durch Düsen auf die Waffelböden aufgespritzt. Die Eiweißhäufchen laufen, nachdem sie abgekühlt sind, durch einen Vorhang aus flüssiger Schokolade. Und nur wenn die Negerküsse schön dunkelbraun sind, werden die süßen Verführer verpackt.

Übung 1:

Antworte auf folgende Fragen nach den näheren Umständen mit Nebensätzen aus dem Text:

1. Wann werden die Waffelböden vorbereitet?

   ____

2. Mit welcher Absicht wird der Zucker auf 115 Grad erhitzt?

   ____

3. Weshalb wird leicht erwärmtes Eiweiß dem Sirup hinzugefügt?

   ____

4. Wann laufen die Eiweißhäufchen durch flüssige Schokolade?

   ____

5. Unter welcher Bedingung werden die Negerküsse verpackt?

   ____

Du merkst:
Auf Fragen nach den näheren Umständen eines Geschehens kannst du mit Nebensätzen antworten.

Adverbialsätze sind Nebensätze, die in einem Satz das Satzglied Adverbiale (= Umstandsbestimmung, adverbiale Angabe) bilden. Ein Adverbialsatz erläutert, unter welchen Umständen etwas geschieht, vor sich geht oder ist. So kannst du das Geschehen viel genauer und ausführlicher darstellen als mit einer einfachen Angabe, die manchmal nur aus einem Wort besteht.

Beispiel: Danach (adverbiale Angabe) laufen die Eiweißhäufchen durch einen Vorhang aus flüssiger Schokolade.

Nachdem sie abgekühlt sind (Adverbialsatz), laufen die Eiweißhäufchen durch Schokolade.

Adverbialsätze sind die häufigsten Nebensätze und fast immer Konjunktionalsätze.
An der einleitenden Konjunktion erkennst du die ‚Sinnrichtung' des Nebensatzes.
Adverbialsätze haben dieselben Sinnrichtungen wie adverbiale Angaben. Die Sinnrichtung kannst du erfragen.

Beispiele: Sinnrichtung Grund: Weshalb wird dem Zuckersirup leicht erwärmtes Eiweiß hinzugefügt?
Weil sich so die Zutaten besser miteinander vermischen, wird dem Zuckersirup leicht erwärmtes Eiweiß hinzugefügt.

Sinnrichtung Zeit: Wann laufen die Eiweißhäufchen durch einen Vorhang aus flüssiger Schokolade?
Nachdem sie abgekühlt sind, laufen die Eiweißhäufchen durch einen Vorhang aus flüssiger Schokolade.

In den nächsten Kapiteln werden wir genauer auf die einzelnen Arten eingehen. Dabei sind die Adverbialsätze nach den verschiedenen Sinnrichtungen geordnet.

Temporalsatz

In unserer Reihe „Geheimnisse und Rätsel des Alltags“ wenden wir uns heute einem weißen hüpfenden Etwas zu: dem Tischtennisball.

Die Geburt eines Tischtennisballs

Für die Herstellung von Tennisbällen braucht man zunächst eine flache Platte aus Zelluloid. Nachdem man aus ihr für jeweils einen Tennisball zwei runde Scheiben herausgestanzt hat, werden sie in Wasser eingelegt, bis sie weich und biegsam geworden sind. In einer Presse werden dann daraus zwei Halbkugeln. Während die beiden Halbkugeln ineinandergesteckt werden, verklebt man sie zu einer ganzen Kugel. Nachdem man sie nochmals in Wasser eingeweicht hat, werden sie in einer Metallkugel mit Wasserdampf in ihre endgültige Form gebracht. Während sie in einer großen Trommel poliert werden, erhalten sie ihr vorgeschriebenes Gewicht. Ehe die Tennisbälle die Fabrik verlassen, wird noch ihre Qualität geprüft.

Übung 1:

Ersetze die folgenden Zeitangaben durch die entsprechenden Sätze aus dem Text.

Nach dem Herausstanzen zweier Scheiben ...
Nach dem Einweichen ...
Während des Polierens ...
Vor dem Verlassen der Fabrik ...

Du merkst:
Durch Nebensätze kannst du Angaben zur Zeit machen.

Temporalsätze sind Nebensätze, die genauere Angaben zu den zeitlichen Umständen eines Geschehens machen. Sie können wie die einfachen temporalen Angaben erfragt werden.

1. Temporalsätze antworten auf die Frage: Wann?

Beispiel: Wann prüft man die Qualität der Tischtennisbälle?
Bevor sie das Werk verlassen, prüft man die Qualität der Tischtennisbälle.
Dabei ist es wichtig, wann das Geschehen im Vergleich zum Hauptsatz stattfindet.
Es gibt drei Zeitverhältnisse zwischen Haupt- und Nebensatz:

a) Gleichzeitigkeit
Das Geschehen in Haupt- und Nebensatz findet zur selben Zeit statt. Die Zeiten sind gleich. Folgende Konjunktionen brauchst du: *während, als, wenn.*

Beispiel: In einer großen Trommel poliert man die Tennisbälle, *während* sie (gleichzeitig) auf das vorgeschriebene Gewicht gebracht werden.

b) Vorzeitigkeit
Das Geschehen des Nebensatzes liegt zeitlich vor dem des Hauptsatzes. Die Zeiten in den beiden Sätzen sind verschieden. Zwei Konjunktionen solltest du kennen: *nachdem, als.*

Beispiel: *Nachdem* man (vorher) aus der Zelluloidplatte zwei runde Scheiben herausgestanzt hat, werden sie in Wasser eingelegt.

c) Nachzeitigkeit
Das Geschehen des Nebensatzes kommt zeitlich nach dem des Hauptsatzes. Die betreffenden Konjunktionen lauten: *ehe, bevor.*

Beispiel: *Ehe* (dann) die Tennisbälle die Fabrik verlassen, wird noch ihre Qualität geprüft.

2. Temporalsätze bezeichnen auch den Beginn oder das Ende eines Geschehens. Die Fragen lauten: Ab wann? Bis wann? Der Beginn eines Geschehens wird durch die Konjunktion *seit(dem)* angezeigt.

Beispiel: Du gehst wahrscheinlich vorsichtiger mit den Tischtennisbällen um, *seit(dem)* du weißt, wie kompliziert sie hergestellt werden.

Das Ende wird durch die Konjunktionen *bis, solange* ausgedrückt.

Beispiel: Die beiden Scheiben werden in Wasser eingelegt, *bis* sie weich und biegsam sind.

3. Schließlich kann der Temporalsatz noch die Häufigkeit eines Geschehens ausdrücken.
Die entsprechenden Konjunktionen lauten: *jedesmal wenn, sooft.*

Beispiel: *Jedesmal wenn* jemand wissen will, wie ein Tischtennisball hergestellt wird, kannst du ihm eine Antwort geben.

Mit Temporalsätzen kannst du also sehr genaue Angaben zur Zeit und den zeitlichen Umständen machen.

Übung 2:

Verbinde jeweils einen Satz A–D mit einem Satz a–d. Überlege dir, was zur selben Zeit stattfinden kann und inhaltlich zusammenpaßt.

Was im Allgäu so alles am Morgen passiert
A) Die Morgensonne geht golden am Horizont auf.
B) Die Bienen summen von Blütenkelch zu Blütenkelch.
C) Die Kühe freuen sich über das erste Grün.
D) Die Urlauber reiben sich den Schlaf aus den Augen.

a) Ihre Kälber springen übermütig auf den Wiesen.
b) Von ihrem Schein erwacht im stillen Land die Natur.
c) Die Bäuerin bereitet ihnen in der Küche ein deftiges Frühstück.
d) Die Vögel zwitschern bereits aus voller Kehle.

Übung 3:

Stelle das Zeitverhältnis fest. Setze dann die passenden Konjunktionen (während, nachdem, bevor) ein. Eine kleine Hilfe: Sie kommen jeweils zweimal vor.)

Der Fuchs und der Kranich
Einst lud der Fuchs den Kranich zum Mahl. ___________ dieser sich zu Tisch gesetzt hatte, gab ihm der Fuchs eine flache Schüssel mit einem öligen Brei. Aber der Brei lief dem Kranich immer wieder aus dem spitzen Schnabel, ___________ er ihn hinunterschlucken konnte. ___________ sich der Kranich vergebens abmühte, verlachte ihn der Fuchs. Aber der Kranich sann auf Rache. ___________ er den bösen Schlaumeier zu sich eingeladen hatte, stellte er eine hohe Flasche mit einem engen Hals auf den Tisch. ___________ der Fuchs den Trick durchschaute, holte der Kranich sich mit seinem langen Schnabel die köstlichsten Speisen. Vergnügt ließ er es sich schmecken, ___________ der Fuchs hungrig danebensaß.

Übung 4:

Achte auf die unterstrichenen temporalen Angaben. Wandle dann die Hauptsätze davor in Temporalsätze um.

Tiere als Propheten
1. Im Zweiten Weltkrieg zerstörte ein Luftangriff große Teile Berlins. Zuvor hatte eine Ente durch schrilles Geschnatter die Anwohner gewarnt. Der Vogel kam im Bombenhagel um. Danach setzten die Menschen dem Vogel ein Denkmal.
2. Seit Jahrzehnten nisteten Tauben auf dem Wiener Justizpalast. Eines Tages verließen sie ihre gewohnte Behausung. Kurz darauf brannte das Justizgebäude ab.

3. In den Alpen ging im Februar 1939 eine riesige Lawine zu Tal. Kurz zuvor hatten sich die Bernhardinerhunde geweigert, den morgendlichen Rundgang anzutreten.
4. In den letzten Kriegstagen verwüsteten Bomben weite Teile Berlins. Gleichzeitig zerrte ein Hund seinen Herrn aus der Wohnung auf die Straße. Herr und Hund retteten sich auf die andere Straßenseite. Darauf zerstörte eine Bombe das gesamte Haus.

Übung 5:

Wandle die folgenden Sätze in temporale „wenn"-Sätze um.

Immer Ärger mit Charly

1. Charly weckt mich mit der Frage „Schläfst du noch?"
2. Er schaut mir beim Zeitunglesen über die Schulter.
3. Ich stehe vor dem Spiegel, und er schneidet mir Grimassen.
4. Er steckt sich eine Praline in den Mund und stöhnt: „Manche Leute sind dick geboren."
5. Er fängt in der Nacht zu schimpfen an, weil ich aus dem Kühlschrank ein bißchen Vanilleeis hole.

Jedesmal ärgere ich mich über Charly, wenn er ...

Übung 6:

Vielleicht wirst du einmal bei der englischen Königin eingeladen, dann mußt du sie mit einem Hofknicks begrüßen. Da ist es wichtig, daß du Arme und Beine in der richtigen Reihenfolge bewegst. Ich sage dir, was du tun mußt.
Überlege dir die Reihenfolge und verwende die richtige Konjunktion.

Achtung! Sturzgefahr!

1. Ehe/Als/Nachdem die Königin den Saal betritt, stelle ich mich gerade hin.
2. Bevor/Wenn sie dann hereingekommen ist, stelle ich mir die Bewegungen ganz genau vor.
3. Während/Nachdem/Bevor sie vor mir steht, beginne ich mit dem Hofknicks.
4. Bevor/Nachdem/Während ich mit dem rechten Fuß einen kleinen Halbkreis nach hinten ausführe, beuge ich das linke Bein und neige meinen Kopf.
5. Nachdem/Bis/Seitdem mir dies ohne große Schwierigkeiten gelungen ist, verharre ich in dieser Stellung, bis/nachdem/während die Königliche Hoheit ein Wort an mich richtet. Sie lächelt mir aber nur zu.
6. Bevor/Während/Bis sie zu meiner Nachbarin weitergeht, erhebe ich mich langsam.
7. Nachdem/Während alles vorbei war, frage ich mich: War das alles?
8. Bevor/Seitdem ich dies weiß, mache ich nur noch vor meiner Katze einen Hofknicks.

Übung 7:

Vielleicht willst du einmal ohne Führerschein und ohne Gefahr Auto fahren. Hier kannst du es tun. Trotzdem mußt du dir überlegen, welche Handgriffe zu tun sind.
Stelle fest, welches Zeitverhältnis jeweils zwischen den Sätzen a) und b) besteht. Wandle dann den Satz a) in den entsprechenden Temporalsatz um. Achte dabei auch auf das richtige Tempus.

Die erste Fahrstunde

1. a) Ich öffne die linke Wagentür.
   b) Ich nehme auf dem Fahrersitz Platz.
2. a) Ich starte den Motor.
   b) Ich stecke den Zündschlüssel ins Zündschloß.
3. a) Ich löse die Handbremse
   b) Ich prüfe, ob die Handbremse angezogen ist.
4. a) Ich schaue nach hinten.
   b) Ich achte auf eine Lücke im Verkehr.
5. a) Ich lege den ersten Gang ein.
   b) Ich lasse den Wagen ganz langsam in Fahrt kommen.
6. a) Ich genieße den Rausch der Geschwindigkeit.
   b) Ich werde von einem Radfahrer überholt.

Übung 8:

Löse die Präpositionalausdrücke in Temporalsätze auf. Dann kannst du dir zur Belohnung selbst eine große Portion Eis machen!!

Fruchteis selbst gemacht

1. Vor der Zubereitung des Fruchteises soll der Fruchtsaft mindestens 3 Stunden im Tiefkühlfach gefroren werden.
2. Das Eis aus Fruchtsaft muß während des Gefriervorgangs öfters umgerührt werden.
3. Nach der Beendigung des Einfrierens wird das Eis mit einem Messer grob zerschlagen.
4. Während des Zerkleinerns läßt man das Eis leicht antauen.
5. Das Eis darf aber beim Servieren nicht zerlaufen.

Kausalsatz

Warum wippt die Bachstelze mit dem Schwanz?

Auch im Tierreich gibt es viele Geheimnisse und Rätsel. Eines davon bietet die Bachstelze, ein kleiner Vogel, der an Bächen und Flüssen lebt. Man hat beobachtet, daß sie häufig ihre Schwanzfedern bewegt. Im Biologieunterricht hat ein Lehrer deshalb den Kinden die Frage gestellt: „Warum wippt die Bachstelze mit dem Schwanz?“ Folgende Antworten kamen dabei heraus:

Jasmin: Weil sich die Bachstelzenbabys langweilten, durften sie bei Mama wippen.
Birgit: Die Bachstelze hält ihre Schwanzfedern hoch, da sie nicht will, daß sie im Dreck schleifen.
Rafael: Sie bewegt die Schwanzfedern, weil sie Moskitos vertreiben will.
Nikolaus: Das tut sie, weil das ihr Schwimmstil ist.

Übung 1:

Der Lehrer hat auf die Frage nach dem Grund die entsprechenden Stichwörter an die Tafel geschrieben.
Ersetze sie durch Nebensätze aus dem Text.

1. Langeweile ______________________________

2. Kein Dreck ______________________________

3. Moskitos ______________________________

4. Schwimmen ______________________________

Leider waren alle Begründungen der Kinder falsch. Fragen wir also einen Vogelkundler! Die richtige Antwort lautet: Die Bachstelze wippt mit den Schwanzfedern, weil sie dadurch den anderen Bachstelzen Zeichen gibt. Da sich die Bachstelzen wegen des rauschenden Wassers nicht durch Töne verständigen können, müssen sie sich so miteinander unterhalten.

Du merkst:
Auf die Frage *Warum?* kann man mit Nebensätzen antworten.

Kausalsätze sind Nebensätze, die den Grund für das Geschehen im Hauptsatz nennen. Kausalsätze sind nötig, wenn die Aussage im Hauptsatz begründet werden muß.

Beispiel: Der Vogelkundler gibt den Grund an für das seltsame Verhalten der Bachstelze:
Die Bachstelze wippt mit den Schwanzfedern, weil sie dadurch den anderen Bachstelzen Zeichen gibt.

Der Kausalsatz antwortet auf die Fragen: Warum? Weshalb? Aus welchem Grund?
Kausalsätze werden mit den Konjunktionen *weil, da* eingeleitet.
Man kann sie auch verstärken: *weil/da ja, da doch, zumal (da).*

Beispiel: Die Bachstelze wippt mit dem Schwanz, da sie sich ja wegen des rauschenden Wassers nur so mit anderen verständigen kann.

Übung 2:

In einer Zeitung habe ich neulich die folgende seltsame Anzeige gefunden, mit der ein Nachtwächter gesucht wird. Begründe, warum du der richtige Mann für die Stelle bist.

Daniel Düsentrieb!
Sie sind genau die Richtige für die Tätigkeit als Nacht-Putzfrau!
Sie waren schon immer eine Leuchte!
Sie sind der Beste in Ihrer Nachbarschaft!
Sie sind erfinderisch!
Sie wollen etwas mit Technik zu tun haben!
Sie sind auch nachts hellwach!
Sie wollen schnell gutes Geld verdienen!

Hey Boß! Ich bin der Richtige für Sie, weil ...

Übung 3:

In der gleichen Zeitung haben auf der Sportseite Fußballspieler wie in der Schule Noten bekommen. Wandle die Sätze in Kausalsätze für die jeweilige Note um.

Noten für Fußballspieler
Note 1: P. B. bewies auch in gefährlichen Situationen Übersicht und Führungsqualität.
Note 2: R. A. warf sich vor seinem Tor entschlossen ins Getümmel.
Note 3: Der Mittelfeldspieler mit der Pferdelunge war einer der lauffreudigsten Spieler.
Note 4: Bomber W. brachte fast nichts zuwege.
Note 5: Der Ex-Nürnberger rackerte wie gewohnt, konnte aber dem Spiel keine Wendung mehr geben.
Note 6: Der Vorstopper leistete „hilfreiche" Vorarbeit für das spielentscheidende Gegentor.

P. B. erhält die Note 1, weil ...

Übung 4:

Entscheide, welcher der beiden Sätze jeweils den Grund angibt. Wandle diesen dann in einen Kausalsatz um.

Beispiel:
a) Ich gehe nicht in die Schule. b) Ich bin sehr stark erkältet.
Ich gehe nicht in die Schule, weil ich sehr stark erkältet bin.

1. a) Meine Haare sind rot.
   b) Mein kleiner Bruder hat das erste Mal Pommes mit Ketchup gegessen.
2. a) Mein Schulranzen ist gelb.
   b) Manche Leute werfen Briefe hinein.
3. a) Meine Goldfische sind Blaufische.
   b) Mein Füller ist ins Aquarium gefallen.
4. a) Meine Haare sind grün.
   b) Ich habe den Spitznamen Waldmeister bekommen.
5. a) Mein Gesicht ist weiß.
   b) Ich habe die Tüte mit Mehl an der falschen Seite aufgemacht.
6. a) Meine schönen braunen Schuhe sind seit dem 1. April schwarz.
   b) Mein großer Bruder hat die Schuhcreme ausgetauscht.

Übung 5:

Mein Freund Balduin ist wieder einmal eine halbe Stunde zu spät in die Schule gekommen. Ich zähle dir die Gründe (1–6) dafür auf. Mach daraus eine zusammenhängende Geschichte, und zwar so, daß der jeweils folgende Satz den Satz davor begründet.

Beispiel:
1. Hans ist krank. 2. Er hat Schnupfen. 3. Er hat sich erkältet.
Hans ist krank, weil er Schnupfen hat. Er hat Schnupfen, weil er sich erkältet hat.

Na, Balduin! Warum so spät? Das ist eine lange Geschichte, Herr Lehrer!

2. Ich konnte nur auf dem linken Bein hüpfen.

1. Ich habe den Schulbus nicht mehr rechtzeitig erreicht.

3. Ich habe meinen rechten Schuh nicht gefunden.

4. Meine Katze hat ihn versteckt.

Herr Lehrer, ich bin leider zu spät gekommen, weil ...

6. Ich habe ihr ihre Lieblings-Gummiente weggenommen.

5. Sie hat sich sehr geärgert.

(Unten geht die unglaubliche Geschichte weiter!)

Übung 6:

Kennst du dich aus in der Natur? Von den drei vorgeschlagenen Möglichkeiten a)–c) ist jeweils eine falsch. Mach aus den beiden anderen Kausalsätze.

1. Flamingos sind rosarot.
   a) Sie ernähren sich hauptsächlich von kleinen roten Krebsen.
   b) In ihrer Nahrung ist roter Paprika enthalten.
   c) Sie schämen sich wegen ihrer langen Beine.
2. Manche Leute gähnen.
   a) Sie sind nach dem Schlafen noch nicht ausgeruht.
   b) Sie sind mit dem falschen Fuß aufgestanden.
   c) Ihnen ist langweilig.
3. Die Banane ist krumm.
   a) Die äußere Seite bekommt mehr Licht.
   b) Bestimmte Stoffe beugen die Spitzen zum Licht.
   c) Sie sind so leichter zu stapeln.

Übung 7:

Wandle die Sätze mit den unterstrichenen Wörtern in Kausalsätze um. Diese fallen dann bei der Umwandlung weg.

Balduins Geschichte (Schluß)

7. Ich habe meiner Katze ihre Lieblings-Gummiente weggenommen, denn ich habe sie selbst gebraucht.
8. Ich habe sie mit unter die Dusche genommen, allein habe ich mich nämlich gefürchtet.
9. Ich habe schreckliche Angst, sitzt doch seit gestern ein grasgrüner Frosch darin.
10. Aber ich bin ja selber schuld, ich habe nämlich das Märchen vom Froschkönig gelesen.

Hinweis:
Substantivausdrücke mit der Präposition wegen haben einen kausalen Sinn. Du kannst sie in Kausalsätze umwandeln.

Beispiel: Wegen des rauschenden Wassers hören die Bachstelzen nichts.
Weil das Wasser rauscht, hören die Bachstelzen nichts.

Übung 8:

Als Fremdenverkehrsdirektor willst du eine besonders romantische Werbeanzeige entwerfen. Mach aus den Präpositionalausdrücken vollständige Kausalsätze.

Beispiel:
Ich fahre in die Berge
wegen der Menschen, die jeden herzlich willkommen heißen
weil die Menschen jeden herzlich willkommen heißen

Warum ist es im Allgäu so schön?

1. wegen der Blumen, die mit dem Regenbogen um die Wette blühen
2. wegen der Sonne, die Mensch und Tier wärmt
3. wegen der Natur, die auf stillen Wegen und Pfaden zu hören ist
4. wegen der Vögel, die aus voller Kehle zwitschern
5. wegen der Bienen, die von Blütenkelch zu Blütenkelch summen
6. wegen der Wanderschuhe, die warten

Finalsatz

„Mundwerkzeuge" der Tiere

Die Natur hat die Tiere mit besonderen Möglichkeiten ausgestattet, damit sie sich gut an ihre Umwelt anpassen und dadurch leichter überleben.
Das „Werkzeug" besteht beim Schmetterling aus einem schlauchartigen Rüssel. Der ist besser als eine normale Zunge dafür geeignet, daß der süße Saft aus den Blüten herausgeschlürft werden kann.
Etwas Besonderes ist auch die Zunge der Schnecke: Sie ist mit kleinen Reibezähnchen besetzt, damit sich die Schnecke von ihrer Nahrung Teilchen abschaben kann. Diese Teilchen müssen klein sein, damit sie von der Schnecke überhaupt aufgenommen werden können.
Der Specht hat z. B. einen langen Schnabel, um Käfer, die tief in den Ritzen der Bäume sitzen, leicht herauszuholen. Kurz ist dagegen der Schnabel beim Sperling. Das hat den Vorteil, daß er Körner schnell und sicher aufpicken kann.
Das Löwengebiß braucht große Fangzähne, damit sich die zappelnde Beute nicht mehr losreißen kann.
Die Schlange spritzt mit ihren Zähnen Gift in das Opfer, um es sofort zu lähmen. Das Gift dient auch dazu, daß die Tiere keine unnötigen Schmerzen erleiden müssen.

Übung 1:

Die unterstrichenen Ausdrücke bezeichnen Absichten und Ziele. Wandle sie mit Hilfe des Einführungstextes schriftlich in Nebensätze um.

1. Die Natur hat die Tiere für das leichtere Überleben mit besonderen Werkzeugen ausgestattet.

___

2. Zur Lähmung ihrer Opfer spritzt die Schlange Gift.

___

3. Das Gift dient auch der Vermeidung von unnötigen Schmerzen.

___

4. Der Rüssel ist zum Herausschlürfen von Saft gut geeignet.

___

Du merkst:
Mit Nebensätzen kannst du Absicht und Ziele bezeichnen.

Finalsätze sind Nebensätze, die dir sagen, mit welcher Absicht oder welchem Ziel etwas getan wird oder geschieht. Finalsätze nennt man deshalb auch Absichts- oder Zielsätze.
Finalsätze werden durch die Konjunktionen *damit; (dafür) daß* eingeleitet.

Beispiel: Die Natur hat die Tiere mit besonderen Möglichkeiten ausgestattet, damit sie sich gut an ihre Umwelt anpassen.
Der schlauchartige Rüssel des Schmetterlings ist z. B. besser als eine normale Zunge dafür geeignet, daß der süße Saft aus den Blüten herausgeschlürft werden kann.

Du kannst Finalsätze herausfinden, indem du fragst: Wozu? Mit welcher Absicht? Zu welchem Zweck? Mit welchem Ziel? Zu welchem Nutzen?

Beispiel: Wozu/Zu welchem Zweck hat die Natur die Tiere mit besonderen Möglichkeiten ausgestattet?
Die Natur hat die Tiere mit besonderen Möglichkeiten ausgestattet, damit sie sich gut an ihre Umwelt anpassen.

Hinweis:
Finalsätze können durch Infinitivsätze ersetzt werden. Diese werden durch *um zu* eingeleitet. Das aber ist nur möglich, wenn das Subjekt im Hauptsatz dasselbe ist wie im Finalsatz.

Ein zusätzlicher Hinweis zur Zeichensetzung:
Weil der Infinitivsatz mit *um zu* einen vollständigen Nebensatz ersetzt, wird er vom Hauptsatz immer durch ein Komma getrennt.

Beispiel: Auch Tiere haben ihre Tricks, *damit* sie (= die Tiere) sich gut an die Umwelt anpassen.
Auch Tiere haben ihre Tricks, um sich gut an die Umwelt anzupassen.

Übung 2:

Mach aus dem zweiten Hauptsatz einen Finalsatz mit der Konjunktion „damit". Die Modalverben „wollen"/„sollen" fallen dabei weg.

Beispiel:
Ich stehe jeden Tag um 5 Uhr auf. Bello soll Gassi gehen.
Ich stehe jeden Tag um 5 Uhr auf, damit Bello Gassi geht.

Seltsame Urlaubsziele

1. Ich fahre ans Meer. Meine Badewanne will sich auch erholen.
2. Du steigst auf hohe Berge. Die Leute sollen so klein wie Zwerge werden.
3. Wir fahren ins Riesengebirge. Rumpelstilzchen soll endlich wieder einmal Besuch bekommen.
4. Ihr fahrt nach Amerika. Die Freiheitsstatue soll befreit werden.
5. Einige fahren gar nicht in den Urlaub. Die Zöllner wollen einmal Ferien machen können.

Übung 3:

Baue aus den vorgegebenen Ausdrücken einen Satz nach folgendem Muster:
Der Mensch braucht Messer und Gabel, um seine Speisen zu zerteilen.

Werkzeuge der Tiere:	Und dazu brauchen es die Tiere:
langer, spitzer Schnabel (Specht)	aus Blüten Saft herausschlürfen
Giftzähne (Schlange)	die zappelnde Beute festhalten
kurzer, stumpfer Schnabel (Spatz)	in den Ritzen der Bäume nach Nahrung suchen
schlauchartiger Rüssel (Schmetterling)	leicht Körner vom Boden aufpicken
Reibezähnchen (Schnecke)	wie mit einer Feile kleine Teilchen von den Blättern schaben
ein Gebiß mit Fangzähnen (Löwe)	die Beute schnell zu lähmen

Übung 4:

Finde die Sätze heraus, in denen das Subjekt im Hauptsatz dasselbe wie im „damit"-Nebensatz ist. Wandle diese Nebensätze in „um zu"-Infinitivsätze um.

Mahlzeit!

1. Die Fregattvögel fliegen sehr schnell, damit sie nicht die Beute von Raubvögeln werden.
2. Sie wagen sich weit aufs Meer hinaus, damit sie dort reiche Beute machen.
3. Damit ihre Kinder vor Feinden geschützt werden, bauen sie die Nester auf Bäumen im Wasser.

4. Manchmal wenden sie einen gemeinen Trick an, damit sie doch noch ihre Jungen füttern können.
5. Sie fliegen zu den Nestern anderer Vögel und schlagen mit ihren Flügeln auf sie ein, damit diese aus Angst davonfliegen.
6. Die aufgeschreckten Vögel speien all ihre Nahrung aus, damit sie schneller flüchten können.
7. Die schlauen Fregattvögel fliegen nun geschwind herbei, damit sie das Ausgespiene erwischen.

Übung 5:

Wandle die Infinitivsätze mit „um zu" in Finalsätze mit „damit" um.
Achte dabei auf das richtige Subjekt.

Wie Indianer Wildpferde zähmen

Die Wildpferde laufen in Herden von zwei- bis dreihundert Stück umher. Die Indianer fangen diese Tiere ein, um mit ihrer Hilfe Zelte und Hausrat zu transportieren. Der tapferste Indianer wirft eine Seilschlinge um das stärkste Pferd, um so die anderen Tiere gefügig zu machen. Die eingefangenen Pferde werden dann angebunden, um nicht weglaufen zu können. Nun legen die Indianer den Pferden mehrere Tage lang schwere Lasten auf, um sie endgültig zu zähmen. Jedes einzelne Pferd wird so behandelt, um später die schweren Lasten leichter zu ertragen.

Hinweis:
Finalsätze können auch Präpositionalausdrücke ersetzen (und umgekehrt).

Beispiel: Die Natur hat die Tiere für die gute Anpassung an ihre Umwelt mit besonderen Möglichkeiten ausgestattet.
Die Natur hat die Tiere mit besonderen Möglichkeiten ausgestattet, damit sie sich gut an ihre Umwelt anpassen.

Übung 6:

Der Bund für Vogelschutz kümmert sich darum, daß bedrohte Vogelarten am Leben bleiben. Er braucht viel Unterstützung. Schreibe ein Flugblatt, bei dem du die folgenden Stichwörter in ganze Finalsätze umwandelst.

Die Ziele des Bundes für Vogelschutz
Schaffung neuer Lebensräume für Pflanzen und Tiere
Sicherung wertvoller Gelände durch Ankauf und Pacht
Erstellung von Gutachten
Betreuung besonders gefährdeter Schutzgebiete
Veranstaltung naturkundlicher Führungen
Information über das Aussterben von Vogelarten

Wir brauchen Ihre Unterstützung, damit wir …

Übung 7:

Entscheide, ob der jeweils zweite Satz einen Grund oder eine Absicht / ein Ziel nennt. Wandle ihn dann in den entsprechenden Nebensatz um.

Beispiel:
Meide sumpfige Gewässer! Schlingpflanzen sollen dich nicht in Gefahr bringen.
Meide sumpfige Gewässer, damit dich Schlingpflanzen nicht in Gefahr bringen!

Richtiges Verhalten am Wasser
1. Rufe nicht aus Jux um Hilfe! Die anderen helfen dir im Ernstfall sofort.
2. Bade niemals mit vollem oder leerem Magen! Du verlierst sonst möglicherweise die Besinnung.
3. Kühle dich vor dem Sprung ins Wasser ab! Dein Kreislauf soll nicht in Unordnung geraten.
4. Verlasse beim ersten Frösteln sofort das Wasser! Du sollst dich nicht erkälten.
5. Springe nicht in unbekanntes Gewässer! Es birgt oft unangenehme Überraschungen.

Übung 8:

Entscheide, ob die Sätze a) und b) einen Grund oder eine Absicht nennen, und formuliere sie entsprechend um. Versuche außerdem die Finalsätze in Infinitivsätze umzuwandeln.

Beispiel:
Ich gehe in die Schule.
a) Ich langweile mich zu Hause.
b) Ich langweile mich zu Hause nicht.
Ich gehe in die Schule, weil ich mich zu Hause langweile.
Ich gehe in die Schule, damit ich mich zu Hause nicht langweile.
Ich gehe in die Schule, um mich zu Hause nicht zu langweilen.

Seltsame Urlaubswünsche
1. Ich fahre nach Tirol.
   a) Ich verbessere meine Jodelkünste.
   b) Ich liebe Speckknödel.

2. Ich schwimme nach Grönland.
   a) Meine Schwimmflossen stammen von dort.
   b) Ich sehe endlich meine Freunde, die Pinguine, wieder.
3. Ich klettere mit einem Kühlschrank auf den Mount Everest.
   a) Ich werde berühmt und komme ins Buch der Rekorde.
   b) Das hat noch niemand gemacht.
4. Ich reite auf einem Seepferdchen.
   a) Mir sind die Reitstunden über dem Wasser zu teuer geworden.
   b) Ich lerne auf diese Weise schwimmen.

Konsekutivsatz

Was hat ein Schmetterling mit einem Gewitter zu tun?

In der Natur hängt alles in einem Kreislauf voneinander ab. Einige Wissenschaftler haben etwas Unglaubliches herausgefunden: In tropischen Ländern ist die Luft manchmal so aufgeladen, daß ein Schmetterling mit seinen dünnen Flügeln ein Gewitter auslöst. Auch im Kleinen kannst du sehen, welche Folgen etwas hat. Bleiben wir beim Schmetterling: Eines Tages legt er Eier. Aus ihnen schlüpfen Larven. Die fressen viel, so daß sie schnell wachsen. Diese Raupen werden zu Puppen, ohne daß man es merkt. Im Innern ihrer harten Schale haben sie einen ausreichenden Nahrungsvorrat, so daß sie leicht überwintern können. In dieser Zeit wächst der Schmetterling heran. Eines Tages ist er so groß und stark, daß er ausschlüpfen kann und davonflattert.

In dem Text hast du erfahren, daß sich Leben nur unter bestimmten Umständen entwickelt.

Übung 1:

Bezeichne die Folgen in ganzen Sätzen aus dem Text.

1. Die Larven fressen viel, ________________
2. Die Puppen haben genügend Nahrungsvorrat, ________________
3. Der Schmetterling ist eines Tages so stark, ________________
4. In den Tropen ist die Luft manchmal so „dick“, ________________

Du merkst:
Mit Nebensätzen kannst du Auswirkungen und Folgen bezeichnen.

Konsekutivsätze sind Nebensätze, durch die Auswirkungen oder Folgen eines Geschehens bezeichnet werden. Man nennt sie deshalb auch Folgesätze.
Sie stehen immer nach dem Hauptsatz.

Konsekutivsätze werden durch Konjunktionen eingeleitet. Folgende solltest du kennen: *so daß; so ..., daß.*

Beispiel: Die Larven fressen viel, so daß sie schnell wachsen.
Die Larven fressen so viel, daß sie schnell wachsen.

Wenn eine Folge oder Wirkung ausbleibt, verwendest du die Konjunktion *ohne daß.* Der Konsekutivsatz wird dadurch verneint.

Beispiel: Die Raupen werden zu Puppen, ohne daß man es merkt.

Hinweis:
Konsekutivsätze sind das Gegenstück zu Kausalsätzen:
Wenn man den Konsekutivsatz zum Hauptsatz macht, folgt ein Kausalsatz.

Beispiel:

Hauptsatz	Nebensatz
Ich bin krank,	so daß ich den Unterricht nicht besuchen kann.

Hauptsatz	Nebensatz
Ich kann den Unterricht nicht besuchen,	weil ich krank bin.

Übung 2:

Überlege dir, welcher der Sätze a) oder b) eine Folge bezeichnet, und mach ihn zu einem Konsekutivsatz. Möglicherweise mußt du die Reihenfolge der Sätze ändern.

Beispiel:
a) Hans hat kalte Limonade getrunken. b) Sein Bauch tut ihm jetzt weh.
Hans hat kalte Limonade getrunken, so daß ihm jetzt sein Bauch wehtut.

Knallige Folgen oder Warum knallt der Puffreis?

1. a) Das Maiskorn wird erhitzt.
   b) Das Wasser im Innern kocht und bildet Wasserdampf.
2. a) Die klebrige Masse wird aufgeblasen.
   b) Der Dampf im Innern des Korns dehnt sich aus.
3. a) Die äußere Haut platzt schließlich mit einem Knall.
   b) Das Korn wird immer größer.

Übung 3:

Satz b) nennt immer eine Folge. Achte darauf, ob sie verneint ist oder nicht. Verwende dann die richtige Konjunktion („so daß“ oder „ohne daß“).

Beispiel:
a) Ich putze unser Auto. b) Mein Vater gibt mir kein Geld dafür.
Ich putze unser Auto, ohne daß mir mein Vater Geld dafür gibt.

Raffinierte Burschen

1. a) Der Herr Buntspecht trommelt 40mal in der Sekunde auf einen Ast.
   b) Alle Spechtfrauen im Umkreis von 2 km hören ihn.
2. a) Die Röhrenspinne gräbt eine Röhre mit Deckel.
   b) Die Beute bemerkt die gut getarnte Falle nicht.
3. a) Die Lassospinne hält ein Netz zwischen den Vorderbeinen.
   b) Sie kann ihr Opfer sofort fangen.
4. a) Die Amsel macht mit ihren Beinen das Geräusch von Regentropfen nach.
   b) Der Regenwurm durchschaut den Trick nicht.
5. a) Der Lampionfisch hat einen Leuchtpunkt auf seinem Kopf.
   b) Die anderen Fische werden angelockt und dann gefressen.

Übung 4:

Ein bißchen Tratsch aus dem englischen Königshaus gefällig? Wandle die Kausalsätze in Konsekutivsätze um.

Beispiel:
Weil Hans sehr groß ist, spürt er die Regentropfen zuerst.
Hans ist sehr groß, so daß er die Regentropfen zuerst spürt.

„Pfundiger“ Königssohn

1. Weil der Sohn des englischen Königs, Prinz William, sehr wild ist, wird er Prügel-Billy genannt.
2. Weil er im 100-m-Lauf immer Letzter ist, hat er jetzt noch den Spottnamen „Schnaufender Billy“ bekommen.
3. Weil er zu oft Kuchen und Kekse ißt, hat er zuviel Pfunde am königlichen Bauch.
4. Weil vor allem ein Prinz auf seine Figur achten muß, sind zwei Wochen lang alle Süßigkeiten gestrichen.

Übung 5:

Ordne die folgenden Infinitivausdrücke den darunter stehenden Hauptsätzen zu, und wandle sie dann in Konsekutivsätze um.

Leichte Übertreibungen

von einer Schildkröte überholt werden – von einem Lufthauch umgestoßen werden – einen Ozeandampfer zum Sinken bringen – ohne Pausenbrot nicht das Schulheft aufschlagen können – beim Zuspätkommen vom Direktor nicht gesehen werden – ein Telefonbuch mit zwei Fingern zerreißen

Ich bin so schwach, ____________________
Du bist so stark, ____________________
Mancher ist so langsam, ____________________
Wir sind so schnell, ____________________
Ihr seid so schwer, ____________________
Einige sind so leicht, ____________________

Übung 6:

Du kennst sicher die Redensart: Kleine Ursache – große Wirkung. Mach aus dem Satz 1 jeweils einen Kausalsatz und aus dem Satz 2 einen Konsekutivsatz.

Beispiel:
Ein Regentropfen fällt in ein volles Glas. Es läuft über.
Weil ein Regentropfen in ein volles Glas fällt, läuft es über.
Ein Regentropfen fällt in ein volles Glas, so daß es überläuft.

Kleine Ursache – große Wirkung
1. Im Stadion: Der Torwart denkt an seine Freundin. Der Ball rollt ins Tor.
2. In der Küche: Der Hefeteig geht nicht auf. Es gibt keinen Sonntagskuchen.
3. Im Bett: Eine Mücke macht Rundflüge. Ich kann nicht einschlafen.
4. In der U-Bahn: Eine Maus hat ein Kabel angenagt. Es fährt keine U-Bahn mehr.
5. Im Kino: Mein Nachbar ißt Chips. Ich muß mir die Ohren zuhalten.

Übung 7:

Liebst du Pflanzen? Dann helfen dir die folgenden Hinweise.
Wandle den jeweils unterstrichenen Satz in einen Nebensatz um. Überlege dir dabei, ob es ein Kausalsatz oder ein Konsekutivsatz werden muß.

Fehler bei der Pflanzenpflege
1. Die Pflanze steht an einem falschen Platz.
   Der Stiel fault.
2. Die Pflanze bekommt zu wenig Nahrung.
   Die Blätter verfärben sich gelb.
3. Die Pflanze bekommt zu viel Nahrung.
   Sie wird anfällig für Läuse.

4. Die Pflanze erhält zu wenig Wasser.
   Die Knospen und Blüten fallen ab.
5. Die Pflanze bekommt zu viel Wasser.
   Die Wurzeln beginnen zu verfaulen.
6. Die Pflanze steht an einem zu kalten Platz.
   Die Blätter werden braun und fallen schließlich ab.

Übung 8:

Gib an, was durch den Nebensatz bezeichnet wird.
Verwende folgende Abkürzungen: G(rund), F(olge), A(bsicht).

Die Erfindung des Blitzableiters

Man verfertigt ein kleines Kreuz aus zwei Holzleisten, gerade so lang, daß seine Enden die vier Ecken eines großen Seidentaschentuchs erreichen ( ). Die Seide empfiehlt sich, weil sie dem Gewittersturm standhält ( ). Oben am Drachen wird eine Spitze aus Draht befestigt, so daß sie einen Fuß (= 30 cm) hinausragt ( ). Am Ende bindet man an einem Seidenband einen Schlüssel an, um das Tuch nach unten ziehen zu können ( ). Bei einem Gewitter läßt man den Drachen steigen. Man sollte an einem geschützten Ort stehen, damit die Schnur nicht naß wird ( ).

Konditionalsatz

Wenn du eine Bachstelze wärst ...

Du würdest mit deinen Schwanzfedern wippen, wenn du mit deinen Freunden „sprechen" wolltest. Wegen des rauschenden Wassers würden sie dich nämlich nicht verstehen, wenn du ihnen etwas mit Tönen sagen würdest. Wenn du ein Frosch wärst, der an einem lauten Fluß lebt, würdest du dich mit deinen Beinen verständigen. So würden dich auch deine Freunde am anderen Flußufer verstehen. Falls du einmal Tierforscher wirst, entdeckst du sicher noch viele aufregende Geheimnisse der Tiere.

Übung 1:

Beantworte folgende Fragen mit Antworten aus dem Text.

1. Unter welcher Bedingung würdest du mit deinen Schwanzfedern wippen?

   ____

2. Unter welcher Voraussetzung würdest du dich mit deinen Beinen verständigen?

   ____

3. In welchem Fall entdeckst du noch weitere Tiergeheimnisse?

   ____

Du merkst:
Nebensätze nennen die Bedingung oder Voraussetzung, unter der etwas geschieht.

Ein **Konditionalsatz** ist ein Nebensatz, der die notwendige Voraussetzung für das Geschehen im Hauptsatz angibt.
Im Konditionalsatz nennst du eine Bedingung, die erfüllt sein muß, bevor das Geschehen möglich ist. Konditionalsätze nennt man deshalb auch Bedingungssätze.

Beispiel: Du entdeckst sicher viele aufregende Geheimnisse der Tiere.
Bedingung: Du mußt Tierforscher werden.
Wenn du Tierforscher wirst, entdeckst du noch viele Geheimnisse der Tiere.

Konditionalsätze, die eine unerfüllbare Bedingung nennen, stehen im Konjunktiv II (= Präteritum oder Plusquamperfekt).

Beispiel: Wenn die Bachstelze Töne von sich geben würde, könnten die anderen Bachstelzen sie nicht verstehen.

Du kannst Konditionalsätze folgendermaßen erfragen: In welchem Fall? Unter welcher Bedingung? Unter welchen Voraussetzungen?

Konditionalsätze sind fast immer Konjunktionalsätze.
Die folgenden Konjunktionen solltest du kennen: *falls, wenn* und *sofern.*

Beispiel: Falls du Tierforscher wirst, entdeckst du noch viele Tiergeheimnisse.

Beachte: Die Konjunktion *wenn* kann auch einen Temporalsatz einleiten. Sie gibt dann an, wann oder wie oft etwas geschieht. Du kannst sie probeweise durch die Konjunktion *während* oder *jedesmal wenn* ersetzen.

Beispiel: Wenn (= während) ich esse, kann ich kein Lied singen.
Wenn (= jedesmall wenn) ich esse, freue ich mich.

Übung 2:

Welche beiden Voraussetzungen mußt du (normalerweise) erfüllen, wenn du einen der folgenden Berufe ergreifen willst?

Beispiel:
Wenn du Hundezüchter werden willst, mußt du tierlieb sein.

Das mußt du sein oder haben:

Pilot	musikalisch begabt
Fensterputzer	empfindsame Nase
Kaffeetester	eine Frau
Hebamme	schwindelfrei
Fernsehunterhalter	Abitur
Popsänger	an Farben und Formen interessiert
Modeschöpfer	kontaktfreudig

Übung 3:

Auch mit Wörtern kann man spielen, und manchml verkleiden sie sich auch. Wandle die folgenden Hauptsätze in Konditionalsätze um.

Seltsame Pflanzen
Der Pfifferling bringt keinen Ton heraus.
Das Vergißmeinnicht weiß seinen Namen nicht.
Der Löwenzahn fürchtet sich vor einer Maus.
Die Taubnessel hört gerne die Schlagerparade.
Die Totentrompete bläst den Geburtstagsmarsch.
Das Gänseblümchen wird von einer Ente gefressen.

Seltsam ist es, wenn ...

Übung 4:

Hier sind Haupt- und Nebensätze durcheinandergeraten.
Suche zu den Hauptsätzen die passenden Bedingungssätze.

Tolle Tips
1. Eine tolle Schokoladencreme gibt es, wenn man sie in Olivenöl einlegt.
2. Frische Gewürze halten ihr Aroma länger, wenn man Knoblauch in einen Gang legt.
3. Maulwürfe vertreibt man, wenn sie nach Gebrauch mit lauwarmem Salzwasser ausgespült werden.
4. Flüstern wirkt Wunder, wenn man eine Tafel Schokolade mit Sahne schmilzt.
5. Weiche Fensterleder erhält man, wenn ein Kind zornig ist.

Übung 5:

Sicher hast du dich schon mal über einen Lehrer geärgert. Vielleicht hat er einen der folgenden Fehler begangen.
Wandle die Infinitivausdrücke in Konditionalsätze um.

Beispiel:
Es ist ein Fehler, die Kenntnisse höher zu schätzen als das Kind.
Es ist ein Fehler, wenn der Lehrer die Kenntnisse höher schätzt als das Kind.

Aus einem Lehrbuch für Lehrer (1867)
Es ist ein Fehler,
1. den Lärm der Schüler durch noch größeren Lärm zu übertönen
2. zur Herstellung der Ordnung eine Glocke zu gebrauchen
3. zu viele Vorschriften zu machen
4. die Schüler im Schulzimmer spielen zu lassen
5. mit zu hoher Stimme zu sprechen
6. ein Kind an den Ohren zu ziehen

Übung 6:

Glaubst du an dein Glück, wenn dir ein Schornsteinfeger über den Weg läuft?
Bei den folgenden Sätzen nennt ein Satz jeweils die Voraussetzung dafür, daß sich ein Wunsch erfüllt. Wandle diesen in einen Konditionalsatz um.

Lebensregeln aus Pommern
1. Ein Apfelkern verbrennt im Herdfeuer mit einem lauten Knall.
   Der geheimste Wunsch erfüllt sich.
2. Das rechte Ohr juckt. Von einem wird gut gesprochen.
3. Man sieht alle Geheimnisse auf der Welt.
   Ein Spiegel wird acht Tage lang in ein Grab gelegt.
4. Man hat Glück. Man findet ein vierblättriges Kleeblatt.
5. Auf dem Hof passiert kein Unglück.
   Der Knecht trägt einen getrockneten Maulwurffuß in der Tasche.

Übung 7:

Die Verwandten gehen einem manchmal ganz schön auf die Nerven, vor allem wenn die Beziehungen etwas unübersichtlich sind. Hilf, indem du die Hauptsätze in Konditionalsätze verwandelst und die Frage richtig beantwortest.

Beispiel:
Du bist der Bruder meiner Mutter. Wer bin ich?
Wenn du der Bruder meiner Mutter bist, bin ich dein Neffe oder deine Nichte.

Das sind mir schöne Verhältnisse!

1. Du bist die Schwester meines Vaters. Wer bin ich?
2. Ich bin der Sohn deines Vaters. Wer bist du?
3. Du bist die Tochter des Bruders meines Vaters. Wer bin ich?
4. Ich bin die Mutter deines Vaters. Wer bist du?
5. Ich bin die Enkelin des Vaters meiner Mutter? Wer bin ich?

Übung 8:

Leider hat jeder unerfüllbare Wünsche. Ein paar habe ich dir aufgeschrieben:

Wenn ich längere Beine hätte,	*würde ich mit meinem Wellensittich um die Welt segeln.*
Wenn ich einen großen Bruder hätte,	*könnte ich mir zwei Eisbomben auf einmal kaufen.*
Wenn ich ein Jahr Ferien hätte,	*würde ich auf 100 m Weltrekord laufen.*
Wenn ich älter wäre,	*wärst du viel freundlicher zu mir.*
Wenn ich mehr Taschengeld bekommen würde,	*dürfte ich bis Mitternacht aufbleiben.*

Was tätest du, wenn sie sich eines Tages erfüllen würden?
Stelle die Bedingungssätze zu den passenden Hauptsätzen.

Übung 9:

Verbessere die folgenden unsinnigen Sätze, indem du den ganzen Satz in den Konjunktiv II setzt und den jeweils ersten Satz in einen Konditionalsatz verwandelst.

Beispiel:
Ich bin ein Vogel. Ich fliege im Winter nach Süden.
Wenn ich ein Vogel wäre, würde ich im Winter nach Süden fliegen.

Das ist doch nicht möglich!

1. a) Die Sonne geht im Osten auf.
   b) Der Tag beginnt in Deutschland früher als in Frankreich.
2. a) Das Wasser fließt den Berg hinauf.
   b) Ich kann mit dem Paddelboot auf die Zugspitze fahren.
3. a) Es gibt noch Dinosaurier.
   b) Sie verstopfen alle Aufzüge.
4. a) Ich lerne im Schlaf.
   b) Ich bringe in die Schule mein Bett mit.
5. a) Du hast eine Tarnkappe.
   b) Du streichst im Notenbuch deines Mathematiklehrers die schlechteste Note aus.

Hinweis:
Es gibt auch einen verkürzten Konditionalsatz ohne einleitendes Wort. Die Wortstellung ist anders als gewohnt: Das Prädikat steht an erster Stelle.

Beispiel: Wenn du als Frosch an einem lauten Fluß lebst, kannst du dich nur mit deinen Beinen verständigen.
Lebst du als Frosch an einem lauten Fluß, kannst du dich nur mit deinen Beinen verständigen.

Übung 10:

Ersetze die Konditionalsätze ohne Einleitung in Konditionalsätze mit „wenn“ – und umgekehrt.

Geldstrafen für Verkehrssünder

1. Fahren Pkw-Fahrer 50 km schneller als erlaubt, müssen sie mit einer Geldbuße von 200 DM rechnen.
2. Wenn sie die vorgeschriebene Geschwindigkeit um mehr als 50 km überschreiten, müssen 300 DM bezahlt werden.
3. Fahren Lastkraftwagen innerhalb geschlossener Ortschaften 20 Stundenkilometer zu schnell, droht eine Geldstrafe von 100 DM.
4. Gefährdet ein Autofahrer beim Abbiegen Fußgänger, kostet es ab sofort ebenfalls Geld.
5. Wenn die Parkzeit eine Stunde überschritten ist, ist eine Geldbuße von 20 DM fällig.

Einen hübschen Konditionalsatz habe ich in einer höchstwichtigen und höchstamtlichen Verordnung gefunden:

Eine Pflanze gilt als befallen,
wenn sich in ihr mindestens eine Schildlaus
befindet, die nachweislich
nicht tot ist.

Konzessivsatz

Unglaubliche Rekorde

Die Natur gibt dem Menschen immer noch viele Rätsel auf. Eines davon ist der jährliche Flug der Zugvögel in den Süden. Eines Tages treffen sich Amsel, Drossel, Fink und Star. Auf ihrer Flucht vor dem Winter stellen sie jedesmal Rekorde auf. Hier ein paar Beispiele:

Obwohl der Goldregenpfeifer nur vier Gramm wiegt, fliegt er von Alaska nach Hawaii; das sind mehr als 3000 Kilometer. Wenn größere Vögel auch mehr Muskeln haben, so sind sie nicht im Vorteil gegenüber den kleinen Vögeln. Trotzdem: Selbst Gänse überfliegen ohne Zwischenstopps das höchste Gebirge der Welt, obgleich Bergsteiger am Himalaya kaum ohne Sauerstoffgerät auskommen. Obwohl Vögel normalerweise ständig Nahrung brauchen, bleiben manche fast zwei Tage ununterbrochen in der Luft.
Es sind noch längst nicht alle Rätsel gelöst, obwohl die Forscher mit modernsten Methoden die Zugvögel beobachten. Für vieles gibt es bis heute keine Erklärung.

Übung 1:

Zugvögel vollbringen unglaubliche Leistungen. Normalerweise spricht alles dagegen. Gib zu den folgenden Sätzen die Gegengründe an, indem du sie durch Nebensätze aus dem Text ergänzt.

1. Der Goldregenpfeifer fliegt von Alaska nach Hawaii, ______________________________
____

2. Gänse überfliegen gefahrlos den Himalaya, ______________________________
____

3. Manche Vögel bleiben fast zwei Tage ununterbrochen in der Luft, ____________
____

Du merkst:
Mit Nebensätzen kannst du auf Gegengründe hinweisen.

Konzessivsätze sind Nebensätze, die auf einen Grund hinweisen, der eigentlich gegen die Aussage des Hauptsatzes spricht. Dadurch wird die Aussage des Hauptsatzes eingeschränkt. Deshalb nennt man die Konzessivsätze auch Einschränkungssätze. Der wirkliche Grund wird dabei nicht genannt, weil man ihn nicht kennt oder nicht sagen will.

Beispiel: Der Goldregenpfeifer fliegt von Alaska nach Hawaii.
(Gegen diese gewaltige Leistung spricht eigentlich sein geringes Körpergewicht.)

Der Goldregenpfeifer fliegt von Alaska nach Hawaii, obwohl er nur vier Gramm wiegt.
(Der wirkliche Grund dafür liegt vermutlich in einer besonderen Flugtechnik.)

Durch folgende Konjunktionen werden Konzessivsätze eingeleitet: *obwohl, obgleich, wenn ... auch.*

Beispiele: Selbst Gänse überfliegen das höchste Gebirge der Welt, *obgleich* Bergsteiger am Himalaya kaum ohne Sauerstoffgerät auskommen.
Obwohl Vögel normalerweise ständig Nahrung brauchen, bleiben manche fast zwei Tage ununterbrochen in der Luft.

Übung 2:

Wandle die Sätze in Konzessivsätze um.

Paßt das zusammen?	
Gärtner	Hört das Gras nicht wachsen.
Dachdeckermeister	Hat einen kleinen Dachschaden.
Goldschmied	Legt seine Worte nicht auf die Goldwaage.
Bäcker	Läßt sich oft die Butter vom Brot nehmen.
Koch	Riecht immer erst spät den Braten.
Fotograf	Ist manchmal nicht im Bilde.
Optiker	Drückt bei seinen Kindern oft ein Auge zu.

Er ist Gärtner, obwohl ...

Übung 3:

Liest du auch gerne Krimis? Als Detektiv untersuchst du genau, ob jemand schuldig ist oder nicht. In den Sätzen a) – e) findest du den wirklichen Grund, weshalb Mister X nicht der Mörder sein kann.
Bilde fünf Konzessivsätze (mit den falschen Gründen) und einen Kausalsatz (mit dem wirklichen Grund).

Kurzkrimi
a) Ihm gehört die Tatwaffe.
b) Ihn haben zwei Zeugen genau beschrieben.
c) Man hat seine rote Wollmütze am Tatort gefunden.
d) An seinen Schuhen fand man verdächtige Spuren.
e) Er hat sich zur Tatzeit im Fernsehen einen Krimi angesehen.
f) Der Inspektor konnte ihn nicht leiden.

Herr X ist nicht der Mörder, obwohl/weil ...

Übung 4:

Wandle die Kausalsätze in Konzessivsätze um, indem du sie ins Gegenteil wendest.

Beispiel:
Weil ich Lust habe, gehe ich ins Schwimmbad.
Obwohl ich keine Lust habe, gehe ich ins Schwimmbad.

Lebensweisheiten verkehrt
1. Weil Morgenstund Blei im Mund hat, komme ich morgens nur mit Mühe aus dem Bett.
2. Weil aller Anfang leicht ist, fange ich beim Lesen mit der ersten Seite an.
3. Weil Arbeit das Leben sauer macht, lutsche ich gerne saure Bonbons.
4. Weil man durch Schaden nicht klug wird, passe ich ganz besonders auf mein neues Fahrrad auf.
5. Weil Scherben Unglück bringen, werfe ich die Kristallvase nicht aus dem Fenster.
6. Weil in einer rauhen Schale oft ein harter Kern steckt, esse ich keine Nüsse.

Übung 5:

Diesmal lernst du etwas, das du nicht nachmachen sollst.
Wandle die Bedingungssätze nach folgendem Muster in Konzessivsätze um.
Ergänze oder streiche im Hauptsatz die Verneinung.

Beispiel:
Wenn es regnet, gehe ich ins Museum.
Obwohl es regnet, gehe ich nicht ins Museum.

Anstandsregeln eines Flegels

1. Wenn andere noch essen, stehe ich nicht vom Tisch auf.
2. Wenn ich gähne, halte ich mir die Hand vor den Mund.
3. Wenn ein älterer Mensch einen Sitzplatz braucht, biete ich ihm meinen an.
4. Wenn ein anderer spricht, rede ich ihm nicht dazwischen.
5. Wenn mir jemand hilft, bedanke ich mich bei ihm.
6. Wenn mich jemand freundlich grüßt, grüße ich zurück.

Übung 6:

Unterscheide zwischen Grund (weil) und Gegengrund (obwohl).
Bilde Sätze nach folgendem Muster:
Der Mensch ist schneller als ein Gepard.
nur zwei Beine – Auto
obwohl er nur zwei Beine hat *weil er das Auto erfunden hat*

Ist der Mensch besser als ein Tier?

1. Der Mensch kann höher fliegen als ein Vogel.
   (keine Flügel – Propeller)
2. Der Mensch schwimmt schneller als ein Fisch.
   (keine Flossen – Schiffsschraube)
3. Der Mensch kann größere Lasten tragen als ein Elefant.
   (keine Stoßzähne – Kran)
4. Der Mensch ist gefährlicher als ein Löwe.
   (keine Reißzähne – Gewehr)
5. Der Mensch taucht tiefer als ein Wal.
   (keine Kiemen – Taucherglocke)

Übung 7:

Entscheide, welche Aussage eigentlich gegen den Hauptsatz spricht, und mache daraus einen Konzessivsatz.
Baue dann deine Sätze nach folgendem Muster: Konzessivsatz – Hauptsatz – Kausalsatz.

Wohin geht die Reise?

1. Ich fahre nach Italien.
   a) Im Sommer ist es mir dort manchmal zu heiß.
   b) Das Meer ist immer warm.

2. Ich fahre nach England.
   a) Ich kann dort meine Schwester besuchen.
   b) Die Anfahrt ist recht weit.
3. Ich fahre nach Frankreich.
   a) Ich kann noch nicht gut Französisch sprechen.
   b) Ich will meine Französischkenntnisse verbessern.
4. Ich fahre in die Antarktis.
   a) Ich habe letztes Jahr zwei Pinguine kennengelernt.
   b) Ich friere leicht.
5. Ich bleibe zu Hause.
   a) Ich bekomme so leicht Heimweh.
   b) Meine Freunde in Australien haben mich eingeladen.

Übung 8:

Der Satz: „Ich kaufe mir ein Schloß in Oberbayern." kann mit fünf Nebensätzen verbunden werden.

Verwende dabei der Reihe nach folgende Nebensätze:
Grund – Absicht – Einschränkung – Folge – Bedingung

Diese Sätze stehen (in anderer Reihenfolge!) zur Verfügung:

1. Ich bin bald unter meiner alten Adresse nicht mehr erreichbar.
2. Ich konnte es mir als Postbote eigentlich gar nicht leisten.
3. Ich hatte schon immer das Gefühl, ein verwunschener Prinz zu sein.
4. Ich gewinne in der nächsten Woche im Lotto.
5. Ich werde dann von meinen Freunden endlich mit „Exzellenter Prinzengraf" angesprochen.

Ich kaufe mir ein Schloß in Oberbayern, weil/damit/obwohl/so daß/ falls ...

Modalsatz

Weitere tolle Tricks der Tiere

Die Tiere sind bei der Beschaffung von Nahrung raffinierter, als wir Menschen ihnen zunächst zutrauen.
Auf folgende Art und Weise holen sie sich ihre Nahrung:
Die Lassospinne lauert auf ihre Beute, indem sie ein tragbares Netz zwischen ihren Beinen hält. Und ohne daß der ahnungslose Käfer etwas merkt, stellt sie sich ihm plötzlich in den Weg und fängt ihn mit ihrem „Lasso" ein, indem sie ihm das Netz überstülpt.
Während die Lassospinne ihr „Werkzeug" immer bei sich hat, legt die Röhrenspinne ihre Opfer auf eine andere Weise herein. Sie baut eine Röhre in den Boden, auf der sie einen Deckel befestigt. Sie fängt ihre Beute dadurch, daß sie den Deckel der Falle öffnet und der Käfer hineinfällt.
Der Ameisenlöwe bewirft seine Beute mit Sand. Durch das Bewerfen der Ameisen mit Sand rutschen diese in den Trichter, den der Ameisenlöwe vorher gegraben hat.
Der Winkerkrebs „winkt" seine Beute herbei, indem er mit einer gelben Schere lokkende Bewegungen macht, wobei er gleichzeitig Feinde abhält und ihnen droht.

Übung 1:

Beantworte folgende Fragen mit Sätzen aus dem Text:

1. Auf welche Art lauert die Lassospinne auf ihre Beute?

___

2. Wie fängt die Lassospinne ihre Beute?

___

3. Wie fängt die Röhrenspinne ihre Beute?

___

4. Auf welche Weise winkt der „Winkerkrebs"?

___

5. Im Vergleich wozu sind die Tiere raffinierter?

___

Du merkst:
In Nebensätzen kannst du Angaben zu den näheren Umständen einer Handlung oder eines Zustands machen.

Modalsätze sind Nebensätze, durch die du die näheren Begleitumstände eines Geschehens oder eines Zustands genauer bezeichnest. Mit ihnen gibst du an, wie ein Geschehen abläuft oder wie ein Zustand ist.
Du kannst sie mit folgenden Fragen herausfinden: Wie? Unter welchen Umständen? Mit welchem Mittel? Auf welche Art und Weise?

Modalsätze werden durch folgende Wörter eingeleitet:
indem, wobei, während; ohne daß; dadurch daß; wodurch, womit, weshalb; wie, als; als ob; je ... desto.

Ein Modalsatz kann folgende Bedeutungen haben:

a) Du bestimmst das Hauptgeschehen genauer, indem du angibst, was daneben gleichzeitig geschieht oder ist.

Beispiel: Die Lassospinne lauert auf ihre Beute, wobei sie ein tragbares Netz zwischen ihren Beinen hält.

Verneinte Modalsätze werden mit *ohne daß* eingeleitet.
Bei gleichem Subjekt in Haupt- und Nebensatz läßt sich der Modalsatz auch in einen Infinitivsatz mit *ohne ... zu* umwandeln.

Beispiel: Die Spinne überfällt den Käfer, ohne daß er etwas merkt.
Der Käfer gerät plötzlich in eine Falle, ohne es zu merken.

Hinweis:
Besteht zwischen Hauptsatz und Nebensatz ein gedanklicher Gegensatz, spricht man von einem Adversativsatz.

Beispiel: Während viele Tiere am Tag ihre Beute jagen, versuchen die sogenannten Nachttiere, ihre Nahrung in der Dunkelheit zu finden.

b) Du nennst das Mittel, mit dem etwas getan wird oder geschieht. Man spricht dann von einem Instrumentalsatz.

Beispiel: Die Röhrenspinne fängt ihre Beute dadurch, daß/indem sie den Deckel öffnet und der Käfer hineinfällt.

c) Du stellst einen Vergleich an. Diesen Modalsatz nennt man deshalb auch Vergleichssatz. Dabei gilt wie bei jedem Vergleich:
wie drückt die Ähnlichkeit oder Gleichheit aus,
als bezeichnet einen Unterschied.

Beispiele: Du bist jetzt *so groß, wie* ich vor einem Jahr war.
Ich bin *größer, als* du glaubst.
Du benimmst dich, *als ob* du Superman wärst.
Je seltsamer du dich benimmst, *desto* weniger nehmen dich die anderen ernst.

Übung 2:

Finde zu den Hauptsätzen 1–6 die passenden Modalsätze a–g.

Werbesprüche

1. Bei uns finden Sie Mode aus Paris
2. Unsere Reibekuchen schmecken
3. Mit einer Anzeige bei uns haben Sie schneller Erfolg
4. desto eher können Sie eine Überraschung erleben
5. Durch unsere Traumflüge kommen Sie günstiger in den Urlaub
6. Alle unsere Reste verkaufen wir so preiswert

a) als Sie sich träumen lassen
b) als ob Ihre Großmutter sie mit der Hand gerieben hätte
c) wie Sie sie in deutschen Boutiquen selten finden
d) wie es sich selbst eine sparsame Hausfrau nicht vorstellt
e) als Sie es bei anderen Zeitungen erleben werden
g) Je eher Sie das Wunschpaket bestellen

Übung 3:

Vielleicht ist dir auch schon einmal ein Fahrrad gestohlen worden. Im folgenden erfährst du, wie du dich vor Fahrraddieben schützen kannst.
Mach aus den Infinitiv-Ausdrücken Instrumentalsätze.

Der Allgemeine Deutsche Fahrradclub empfiehlt:

1. ein solides Schloß verwenden
2. den Rahmen des Fahrrads an einem festen Gegenstand anketten
3. das Fahrrad an einem gut sichtbaren Platz abstellen
4. kein Werkzeug am Rad zurücklassen
5. einen Fahrradpaß ausfüllen oder ein Foto anfertigen
6. eine Nummer ins Tretlagergehäuse einschlagen lassen

Ich schütze mich vor Fahrraddieben, *indem ...*

Übung 4:

Mach aus den Hauptsätzen Instrumentalsätze (Konjunktion „indem"). Laß dabei das Modalverb „wollen" weg.

Beispiel:
Eine Katze miaut, wenn sie sich bemerkbar machen will.
Eine Katze macht sich bemerkbar, indem sie miaut.

Sprache ohne Worte
Eine Affe bellt, wenn er Aufmerksamkeit erregen will.
Ein Mensch knurrt, wenn er einen Hund einschüchtern will.
Er bellt freundlich, wenn er mit dem Hund spielen will.
Der Hund winselt, wenn er seine Angst ausdrücken will.

Übung 5:

Manieren können nicht schaden. Im zweiten Teil des Satzes steht jeweils, was man nicht tut. Mach daraus einen verneinten Modalsatz mit „ohne ... zu".

Das macht man aber auch nicht!
1. Ich habe die Dame des Hauses begrüßt und dabei nicht die Hand aus der Hosentasche genommen.
2. Dann habe ich die Blumen überreicht und das Papier nicht entfernt.
3. Ich habe mit dem Essen begonnen und nicht auf die anderen gewartet.
4. Ich habe aus einem Glas getrunken und mir vorher nicht den Mund abgewischt.
5. Ich habe mir den letzten Apfel genommen und die anderen nicht gefragt.
6. Schließlich bin ich nach Hause gegangen und habe mich nicht bei der Gastgeberin bedankt.

Übung 6:

Wandle die folgenden Vorschriften in Modalsätze um. Achte darauf, ob die Begleitumstände verneint sind oder nicht.

Tischsitten vor 400 Jahren
1. Fasse die Speisen mit drei Fingern!
2. Schiebe beim Essen das Messer nicht in den Mund!
3. Benütze dein eigenes Trinkgeschirr!
4. Wirf die Knochen nicht bis zur Stubentür!
5. Säubere dein Messer vor dem Essen!
6. Beschmier das Tischtuch nicht mit Soßen oder Fett!
7. Schmatz nicht wie ein Schwein!
8. Benage die Knochen nicht wie ein Hund!

Als vornehmer Mann ißt man, indem/ohne daß man ...

Übung 7:

Heute kannst du wieder was Neues lernen: Bumerangwerfen und den Modalsatz. (Paßt schon zusammen!)
Bestimme die Art der Modalsätze mit folgenden Abkürzungen: V(ergleich), B(egleitumstände), M(ittel).

Bumerang für zu Hause
Die Leisten aus Balsaholz werden gekreuzt, wobei ( ) diese nicht zu dick sein dürfen. Kennzeichnen Sie die Kreuzpunkte, indem ( ) Sie sich mit Bleistift dünne Striche machen. Die Einschnitte gehen jeweils halb so tief, wie ( ) die Leisten dick sind. Beim weichen Balsaholz läßt sich das leicht herausheben, wobei ( ) eine feine Säge sehr nützlich ist. Die beiden Teile werden dann zusammengeklebt, ohne daß ( ) Sie dabei Gewalt anwenden. Anschließend müssen die Flügel in Form geschliffen werden, indem ( ) Sie mit einem feinen Schleifpapier über die Flächen streichen. Schließlich wird alles geglättet, wie ( ) Sie es vom Flugmodellbau her gewohnt sind.

Übung 8:

Wandle den jeweils zweiten Satz in einen Modalsatz um. Achte auf die unterstrichenen Satzverbindungen.

Wie man einen Bumerang richtig wirft
Beim Werfen muß der Bumerang auf eine hohe Geschwindigkeit gebracht werden. Dabei wird er in eine horizontale Drehrichtung versetzt.
Nimm den Bumerang an einem Flügel zwischen Daumen und Zeigefinger. Dabei ist der Zeigefinger gekrümmt.
Laß den Bumerang erst im letzten Augenblick los. Dadurch erhält der Bumerang die richtige Drehbewegung.

Übung 9:

Entscheide, ob der unterstrichene Satz ein Kausalsatz oder ein Adversativsatz werden kann. Wandle ihn dann entsprechend um.

Schöne Aussichten
1. Im Laufe der Woche nimmt die Bewölkung ab. Es wird wärmer.
2. Über West- und Mitteleuropa gibt es zwei große Wolkenbänder. In Osteuropa kann mit Aufheiterung gerechnet werden.
3. Ein Hoch dehnt sich von Westen nach Mitteleuropa aus. Morgen wird das gute Wetter auch auf Deutschland übergreifen.
4. In Alpennähe kommt es noch zu gelegentlichen Schauern oder Gewittern. Im Norden Deutschlands ist mit einer zunehmenden Aufheiterung zu rechnen.
5. Am Tage werden die Temperaturen bis auf 25 Grad ansteigen. In der Nacht sinken die Temperaturen in Bodennähe auf 10 Grad.

Hinweis:
Ausdrücke mit der Präposition *durch* lassen sich in Instrumentalsätze umwandeln. Dadurch klingt der Satz oft besser.

Beispiel: Durch das Bewerfen der Ameisen mit Sand besorgt sich der Ameisenlöwe seine Nahrung.
Der Ameisenlöwe besorgt sich seine Nahrung, indem er die Ameisen mit Sand bewirft.

Übung 10:

Wandle die Präpositionalausdrücke in Modalsätze um und umgekehrt.

So unterhalten sich Tiere miteinander

1. Elefanten durch ganz tiefes und anhaltendes Grollen
2. Kaninchen durch heftiges Trommeln mit den Hinterläufen
3. Spinnen durch das ständige Hin- und Herbewegen ihres Netzes
4. Frösche durch das bewußte Abspreizen der Hinterbeine

... unterhalten sich miteinander, indem sie ...

So erforschen Wissenschaftler die Sprache der Tiere

1. indem sie modernste Mikrophone verwenden
2. indem sie Tonbandaufnahmen abspielen
3. dadurch daß sie die Tiere über lange Zeit beobachten
4. indem sie Computer einsetzen

Wissenschaftler erforschen die Tiersprache durch ...

Zusammenfassung und Schlußtest: Adverbialsätze

Du hast erfahren, daß Adverbialsätze Nebensätze sind, die in einem Satz das Satzglied Adverbiale (= Umstandsbestimmung, adverbiale Angabe) ersetzen.
Adverbialsätze haben dieselben Bedeutungen wie Umstandsbestimmungen und können ebenso erfragt werden.

Beispiele: Ich habe mich gefreut ...

Frage	Bedeutung	Adverbialsatz
wann?	temporal	als Karli zu Besuch kam.
weshalb?	kausal	weil wir uns lange nicht gesehen hatten.
wie?	modal	wobei ich dreimal gejodelt habe.

Ein Adverbialsatz wird meistens durch eine Konjunktion eingeleitet. An ihr erkennst du die Sinnrichtung.

Beispiele: Sinnrichtung: Zeit (Temporalsatz):
Als es auf der Party langweilig wurde, bin ich gegangen.

Sinnrichtung: Grund (Kausalsatz):
Weil es schon spät war, habe ich ein Taxi genommen.

Auch einige Adverbien können Adverbialsätze einleiten.

Beispiel: Sinnrichtung: Art und Weise (Modalsatz):
Ich stolperte ins Wohnzimmer, wobei ich in der Dunkelheit eine Vase vom Tisch stieß.

Test 1: *Ordne die Nebensätze den passenden Hauptsätzen zu.*

Was mit Haustieren so passieren kann

1. weil meine Goldfische im Aquarium immer frieren
2. nachdem mein Goldhamster ein Fernsehgerät gewonnen hat
3. obwohl mein Kanarienvogel nicht singen kann
4. seitdem meine Perserkatze einen Pelzmantel hat

5. wenn mein Bernhardiner Sehnsucht nach den Bergen bekommt
6. damit meine Meerschweinchen das Radfahren lernen

a) ... habe ich ihnen zwei Klingeln gekauft.
b) ... jodle ich dreimal am Tag.
c) ... gibt es noch mehr Haare in der Wohnung.
d) ... gehe ich mit ihm oft in die Oper.
e) ... habe ich ihnen Schwimmflossen aus Baumwolle gestrickt.
f) ... sitzt er den ganzen Tag vor der Glotze.

Test 2: *Welche Bedeutung liegt jeweils vor? Schreibe die Nebensätze zu den entsprechenden Begriffen.*

Der treue Sugar (auf deutsch: Zucker)
Sugar, ein cremefarbener Kater, gehörte einer Familie Woods in Kalifornien. Weil es aber weiter im Norden bessere Verdienstmöglichkeiten gab, beschloß die Familie umzuziehen. Als die Familie gerade losfuhr, sprang Sugar, weil er schreckliche Angst vor dem Auto hatte, aus dem Wagenfenster. Die Woods mußten abreisen, ohne daß es Hoffnung auf ein Wiedersehen gab. 14 Monate später, als Frau Woods gerade die Kühe molk, sprang ihr eine Katze durchs offene Stallfenster auf die Schulter. Es war Sugar! Da er eine besondere Färbung hatte, konnte er eindeutig erkannt werden.

Temporalsätze: ____________________

Kausalsätze: ____________________

Modalsätze: ____________________

Test 3: *Unterscheide die einzelnen Bedeutungen der Nebensätze. Folgende Abkürzungen kannst du verwenden: Kond(itional), Fin(al), Konz(essiv), Kau(sal)*

Die Sprache der Katzen
Betrachtet man Katzen näher (   ), kann man viele Ausdrucksmöglichkeiten feststellen. Katzen sind einfühlsame Wesen, können aber, wenn's sein muß (   ), eine ganze Familie beherrschen.
Bei der Begrüßung streicht die Katze um deine Beine, um Gerüche mit dir auszutauschen (   ). Sie reibt ihre Duftdrüsen an dir, weil sie dich als ihren Besitz kennzeichnen will (   ). Wenn ein besonderes Vertrauen zwischen deiner Katze und dir besteht (   ), rollt sie sich auf den Rücken. In dieser Lage will sie nicht gekrault werden, obwohl es so aussieht (   ). Beobachtet man den Schwanz der Katze (   ), kann man ihren Gemütszustand gut beurteilen. Bei größeren Katzen zittert der Schwanz, wenn sie aufgeregt sind (   ). Einen Buckel machen sie, damit sie in den Augen ihres Feindes größer erscheinen (   ).

Test 4: *Wähle aus den vorgeschlagenen Konjunktionen die passende aus.*

Ratschläge für den angehenden Hausmann

1. Soße: Damit/So daß/Obwohl die Soße keine Klumpen bekommt, sollten Sie sie mit dem Schneebesen kräftig durchschlagen. Gute Ergebnisse erhalten Sie, wenn/obwohl/bevor die zugegebene Flüssigkeit kalt ist.
2. Mehlschwitze: Butter wird mit Mehl so lange erhitzt, bis/nachdem/weil sich keine Blasen mehr bilden. Für eine braune Mehlschwitze wird das Mehl geröstet, so daß/weil/ohne daß es eine braune Farbe annimmt.
3. Steak: Hohe Anfangstemperaturen schließen die Poren, während/so daß/weil der Saft nicht austreten kann. Obwohl/Wenn/Damit man daraufdrückt, soll es sich wie ein Gummiball anfühlen.

Test 5: *Wähle die richtige Konjunktion und setze sie in die Lücken ein. Folgende Konjunktionen stehen zur Wahl: (so) daß, damit, weil, wenn.*

Nudeln – selbst gemacht
Zutaten: 400 g Mehl, 4 Eier, 1/2 TL Salz, etwas Öl

1. ... selbstgemachte Nudeln die gekauften im Geschmack weit übertreffen, sollten Sie es einmal versuchen.
2. Die 4 Eier, das Salz und das Öl werden mit 5 EL Mehl verrührt, ... ein dünner, etwas zäher Teig entsteht.
3. Diesen Teig zum restlichen Mehl geben und beides sehr gut vermengen, ... sich keine Klumpen bilden.
4. Den Teig so kräftig kneten, ... er glatt wird und glänzt.
5. Dann wickeln Sie den Teig für 30 Minuten in ein feuchtes Tuch, ... er nicht austrocknet.
6. ... der Teig zu trocken ist, können Sie ihm ein paar Tropfen Wasser oder Öl beigeben.
7. Verwenden Sie zur Herstellung der Nudeln eine Maschine, ... Sie sich sonst zu sehr anstrengen müssen.

Test 6: *Wenn adverbiale Angaben umständlich oder ungenau sind, solltest du sie durch Adverbialsätze ersetzen.*

Beispiel:
Beim Aufleuchten der roten Lampe und Erlöschen der Anzeige im Sichtfenster muß die Batterie gewechselt werden.
Wenn die rote Lampe aufleuchtet und die Anzeige im Sichtfenster erlischt, muß die Batterie gewechselt werden.

Ersetze die unterstrichenen Angaben durch Adverbialsätze.

Tiergeheimnisse vor 500 Jahren

1. Der Adler fliegt vor seinem herannahenden Tod so hoch, daß er sich seine Federn verbrennt.
2. Das Chamäleon wird oft wegen seiner grünen Körperfarbe von Elefanten zusammen mit den Zweigen gefressen.
3. Der Storch bekämpft seine Übelkeit durch das Trinken von Salzwasser.
4. Das Krokodil beweint seine Opfer nach dem „Verzehr“ mit vielen Tränen.
5. Bei länger andauernden Schmerzen heilt sich das Wildschwein durch das Fressen von frischem Efeu.
6. Der Panther kämpft mit den Hunden trotz heraushängender Eingeweide.
7. Die Smaragdeidechse bewacht den Schlaf des Menschen und weckt ihn bei drohender Gefahr auf, damit ihm nichts passiert.
8. Vor der Jagd auf Ratten holt sich das Wiesel zum Schutz vor dem Gift Blätter von einem Ölstrauch.

Attributsatz

Die Schrift vor der Schrift

Nicht nur unser Alltag hat Geheimnisse. Die Vergangenheit gibt uns noch viel mehr Rätsel auf. Lange Zeit wußte man z. B. nicht, wie sich die Menschen vor der Erfindung der Schrift verständigt haben.

25 000 Jahre vor den ersten Schriftzeichen gab es bereits kleine Zeichnungen, mit denen sich die Menschen damals verständigten. Die in Holz- oder Knochenstäbe eingeritzten Zeichen konnten erst unter dem Mikroskop entziffert werden. Die Wissenschaftler kamen zu dem Ergebnis, daß Punkte und Linien in einer bestimmten Reihenfolge angeordnet waren. So stellt eine Schlange, die sich um den ganzen Stab windet und aus verschieden großen Punkten besteht, einen Kalender dar, mit dessen Hilfe sich die Jäger die Vorgänge in der Natur merken konnten. Außerdem finden sich auf den Schriftstäben kunstvolle Schnitzereien, die für die jeweilige Jahreszeit wichtige Tiere bezeichneten. Ein Lachs mit einem Haken im Unterkiefer weist z. B. auf den Frühling hin. Die jahreszeitlich geordneten Zeichnungen waren für die Jäger von damals eine lebenswichtige Hilfe.

Übung 1:

Schreibe die Beifügungen heraus, durch die die folgenden Begriffe im Text näher bestimmt werden. Vergleiche die Beifügungen sprachlich.

Zeichnungen: ______________________________

Zeichen: ______________________________

Schnitzereien: ______________________________

Schlange: ______________________________

Ergebnis: ______________________________

Du merkst:
Wörter können durch Nebensätze näher bestimmt werden.

Attributsätze sind Nebensätze, die ein Attribut (= Beifügung) ersetzen. Sie bestimmen oder erklären das Wort, zu dem sie gehören, genauer. Wie das Attribut hängt der Attributsatz von einem Bezugswort ab. Es darf nicht von ihm getrennt werden. Attributsätze können wie Attribute erfragt werden. Die entsprechenden Fragen lauten: Welcher, welche, welches? Welche Art von ...?

Beispiel: Welche Zeichnungen gab es bereits vor den Schriftzeichen? Zeichnungen, mit denen sich die Menschen damals verständigten.

Attributsätze sind meistens Relativsätze.
Die enge Verbindung zwischen Bezugswort und Attributsatz kannst du leicht am Relativpronomen erkennen. Das Bezugswort bestimmt nämlich den Numerus und das Genus des Relativpronomens.

Achte bei deinen eigenen Texten darauf, daß Bezugswort und Relativpronomen immer zusammenpassen.

Beispiele: Das kleine Zeichen, das in den Stab eingeritzt ist, stellt einen Hirsch dar.
Die kleinen Zeichen, die in den Stab eingeritzt sind, stellen verschiedene Tiere des Waldes dar.

Neben den Relativsätzen kommen auch Konjunktionalsätze oder indirekte Fragesätze als Attributsätze vor.

Beispiel: Zu welchem überraschenden Ergebnis kamen die Wissenschaftler?
Die Wissenschaftler kamen zu dem überraschenden Ergebnis, daß Punkte und Linien in einer bestimmten Reihenfolge angeordnet waren.

In einem Satz können auch mehrere Attributsätze vorkommen.

Beispiel: So stellt eine Schlange, die sich um den ganzen Stab windet und aus verschieden großen Punkten besteht (Attributsatz 1), einen Kalender dar, mit dessen Hilfe sich die Jäger die Abläufe in der Natur merken konnten (Attributsatz 2).

Hinweis:
Umständliche oder ungenaue Attribute lassen sich in Attributsätze umwandeln.

Beispiel:
Außerdem finden sich Schnitzereien, die die für die jeweilige Jahreszeit wichtigen Tiere bezeichneten.
Außerdem finden sich Schnitzereien, die die Tiere bezeichneten, welche für die jeweilige Jahreszeit wichtig waren.

Übung 2:

Bestimme die Form der unterstrichenen Attribute, und trage sie dann beim entsprechenden Stichwort ein.

Der größte Wasserfall der Erde
Noch immer wird die falsche Ansicht vertreten, daß die Niagara-Fälle die größten Wasserfälle der Erde sind. Der Fluß, dessen Wassermassen die größte Höhe überwinden, liegt in Südamerika. Er wurde erst 1935 von dem Amerikaner Jimmy Angel entdeckt, der dem Wasserfall auch den Namen gab. Angel war ein waghalsiger Flieger, der wegen seiner tollkühnen Streiche in ganz Lateinamerika bekannt war. Eines Tages stellte er die unglaubliche Behauptung auf, daß er im Urwald Venezuelas den größten Wasserfall der Welt gesehen hat. Die Höhe, die er nach Augenmaß geschätzt habe, betrage über zwei Kilometer. Die Behauptung, die niemand glaubte, wurde zwar nicht bestätigt, es gibt aber Messungen, die eine Höhe oder Tiefe von 1000 m ergeben. Die Möglichkeit, daß es in unwegsamen Schluchten noch höhere Wasserfälle gibt, ist ziemlich groß.
Die interessante Frage, wie viele Geheimnisse unsere Erde noch verbirgt, kann bis heute nicht beantwortet werden.

Attributsätze als Konjunktionalsätze: ____________________
Attributsätze als Relativsätze: ____________________

Übung 3:

Vermeide unnötige Wortwiederholungen, indem du den jeweils zweiten Satz in einen Relativsatz umwandelst.

Beispiel:
Das Meer birgt viele Geheimnisse. Auf die Lösung dieser Geheimnisse müssen wir noch lange warten.
Das Meer birgt viele Geheimnisse, auf deren Lösung wir noch lange warten müssen.

In den unergründlichen Tiefen des Meeres

1. Die Reise in die Tiefen des Meeres ist genauso aufregend wie eine Landung auf dem Mond. Das Meer hat man heute kaum erforscht.
2. In großen Tauchkugeln wird man in die Finsternis hinabgelassen. In diesen Kugeln haben mehrere Leute Platz.
3. Durch Guckfenster kann das verborgene Leben beobachtet werden. Die Fenster sind durch armdickes Glas geschützt.
4. Der Tiefseefühlerfisch tastet vorsichtig den dunklen Meeresboden nach Nahrung ab. Dieser Fisch wird nie das Tageslicht sehen.
5. Manche Wassertiere stehen regungslos und senkrecht im Wasser. Bei diesen Tieren weiß man nicht genau, ob sie Fische sind.
6. Die Seefledermaus bewegt sich mit zwei Beinen und einer Schwanzflosse vorwärts. Diese Fledermaus läßt sich am besten mit einem gerupften Huhn vergleichen.

Übung 4:

Stilblüten entstehen häufig dadurch, daß in einem Satz Relativsätze nicht richtig auf das Bezugswort bezogen sind. „Pflücke“ die folgenden Stilblüten, indem du den zweiten Satz als Relativsatz zum passenden Bezugswort stellst.

Beispiel:
Zwei Waldarbeiter wurden von Wildschweinen angegriffen. Diese waren mit Forstarbeiten beschäftigt.
Zwei Waldarbeiter, die mit Forstarbeiten beschäftigt waren, wurden von Wildschweinen angegriffen.

Stilblüten pflücken!

1. Liebe Sportsfreunde! In neuer Spielkleidung betrat die gegnerische Mannschaft das Stadion. Diese war ganz blau und hatte vorne rosa Längsstreifen.
2. Liebe Versicherung! Bei dem Unfall wurde mein Wagen von einem Radfahrer stark beschädigt. Der war kurz vorher am Hinterteil neu lackiert worden.
3. Lieber Herr Lehrer! Mein Sohn konnte Ihren Deutschunterricht nicht besuchen. Der bringt mich oft zur Weißglut.
4. Liebe Zeitung! In einem witzigen Artikel haben Sie den Bundeskanzler gut getroffen. Über den habe ich sehr gelacht.
5. Lieber Herr Bürgermeister! In meiner Straße gibt es leider immer noch keine Verkehrsampel. Deren Länge beträgt ungefähr 2 Kilometer.

Übung 5:

Tausche die Prädikate in den Relativsätzen mit den Verben in der Klammer aus. Dabei ändert sich der Kasus des Relativpronomens.

Hinweise für Urlauber

1. Lesen Sie vorher die Hinweise des Reiseveranstalters genau durch, die Sie in jedem Fall beachten sollten. (achten auf)
2. Suchen Sie in Notfällen beim Reiseleiter sofort Hilfe, die Sie auch nachts erbitten dürfen. (bitten um)
3. Manchmal muß er genaue Fragen stellen, die Sie im eigenen Interesse ehrlich beantworten sollten. (antworten auf)
4. Teilen Sie ihm eventuelle Schwierigkeiten mit, die sie mit ihm offen besprechen können. (sprechen über)
5. Vertrauen Sie auch der Zuverlässigkeit des einheimischen Personals, die Sie nicht von vorneherein bezweifeln sollten. (zweifeln an)

Übung 6:

Setze in die Lücken die passenden Relativausdrücke ein. Bei einigen brauchst du auch Präpositionen.

Wandern im Kühlschrank

Als junge und einfallsreiche Reiseunternehmer machen wir Ihnen heute ein Angebot, ... Sie in anderen Prospekten vergebens suchen. Wandern im Kühlschrank – ein Erlebnis, ... andere Erlebnisse verblassen läßt. Unser erfahrener Wanderführer Emil Eisbein, ... Sie sich blind verlassen können, steht Ihnen jederzeit zur Seite. Er wird Sie auf Dinge hinweisen, ... Sie sonst vorbeigehen. Er gibt ihnen Tricks, ... Sie fürs Überleben brauchen. Es sollen ja zwei aufregende Urlaubswochen werden, ... Sie noch lange denken werden. Zunächst öffnen wir vorsichtig die Tür des Kühlschranks, ... sich eine überraschende Welt auftut. Wir wenden uns gleich nach links und lassen den Blumenkohl, ... sich uns drohend in den Weg stellt, rechts liegen. Dann ...

Übung 7:

Trage in die Lücken „das“ oder „daß“ ein. Überprüfe, ob vor dem Nebensatz ein passendes Bezugswort steht.

Die älteste menschliche Siedlung

Das älteste Dorf, ... man gefunden hat, liegt im Jordantal. Die Entdeckung, ... es sich bereits um eine richtige Ansiedlung mit Häusern aus Stein handelte, überraschte die Wissenschaftler. Das älteste Haus, ... halb in den Boden eingegraben war, war bereits mit Mörtel verputzt. Außerdem hat man Pfeiler aus Holz gefunden, ... diese lange Zeit überdauert hat. Die Pfeiler ragten etwas über die Mauer hinaus; der Zweck, ... dadurch Licht einfallen konnte, war klar erkennbar. So hatten sich die Menschen vor langer Zeit ein Heim geschaffen, ... sie vor Regen und Sonne schützte. Der zweite Nutzen, ... sie ihre Kinder in Sicherheit aufziehen konnten, war gewiß genauso wichtig. Früh hatten sie auch die Entdeckung gemacht, ... man auf diese Weise außerdem die wilden Tiere abhalten konnte. So entstand wohl das erste Dorf, ... in erster Linie zum Schutz vor der Natur errichtet wurde.

Übung 8:

Verwandle die eingeschobenen Hauptsätze in Relativsätze.

Beispiel:
Wir haben unsere Freunde – sie sind gestern von einer Weltreise zurückgekehrt – herzlich begrüßt.
Wir haben unsere Freunde, die gestern von einer Weltreise zurückgekehrt sind, herzlich begrüßt.

Futhark – die rätselhafte Schrift der Germanen
Die Runen – die Germanen nannten sie selbst Geheimnis – bieten auch uns noch viele Rätsel. Sie wurden meist zufällig an Orten – sie lagen in dunklen Wäldern verborgen – gefunden. Diese alten Botschaften – sie bestehen oft nur aus wenigen Wörtern und sind schwer zu erkennen – stehen vor allem auf Gegenständen aus Metall oder Stein. Erstaunlich ist, daß die Inschriften – von ihnen gibt es nur wenige – fast nichts aussagen. Auf einem riesigen Granitblock – die Forscher haben ihn in Schweden entdeckt – stand lediglich der Name des Steinmetzen. Man hat auch Holzstäbchen oder Steinchen – auf ihnen war je eine Rune eingeritzt – gefunden. Sie dienten wahrscheinlich den Runenmeistern – diese muß man sich als Zauberer oder Medizinmänner vorstellen – dazu, die Zukunft zu deuten.

Übung 9:

Manchmal sind Attribute unübersichtlich und umständlich. Es ist dann besser, sie durch Attributsätze zu ersetzen. Verbessere auf diese Weise die unterstrichenen Ausdrücke.

Das erste Flugzeug
Das aus einem leichten Holzrahmen gebaute Gerüst ist etwa 30 Fuß breit. In der Mitte des mit festem Leinen bespannten Gerüstes hat man einen die Flügelräder antreibenden Benzinmotor angebracht. Weitere Teile sind die aus zwei Propellerschrauben mit sechs Flügeln bestehenden Räder. Die unmittelbar unter dem Schwerpunkt angebrachte Schraube erzeugt mit der zweiten am hinteren Teil befestigten Schraube die nötige Schubkraft. Von der Mitte des Flugzeugs ragt ein hölzerner, als Steuerruder wirkender Rahmen nach vorne. Dieses nach beiden Seiten bewegliche Steuerruder wird vom Flugzeuglenker bedient. Er muß auch die den Flugapparat festhaltende Sperre lösen. Dann erhebt sich der einem Riesenvogel gleichende Apparat in die Lüfte.

Zum Schluß kannst du dich noch einmal als Sprachpolizist versuchen. Ich habe drei Sätze gefunden, die gegen die Verkehrs-Sprachregeln verstoßen, weil sie sehr unübersichtlich und schwer verständlich sind. Sorge für einen flüssigen Verkehr, indem du (freiwillig!) den „Stau" in den Sätzen entwirrst und dafür sorgst, daß die Sätze in guter Ordnung davonfahren.

Derjenige, der die, die die, die meinen entlaufenen Hund

gesehen haben, kennen, mir nennt, bekommt 50 Mark Finderlohn.

„Stau"-Satz 1: Derjenige, der die, die die, die meinen entlaufenen Hund gesehen haben, kennen, mir nennt, bekommt 50 Mark Finderlohn.

„Stau"-Satz 2: Denjengen, die die, denen die, die mich als „Feigling" bezeichnet haben, aufgefallen sind, ergreifen und festhalten, verleihe ich einen Tapferkeitsorden.

„Stau"-Satz 3: Diejenige, die die, die der, die meinen Wellensittich beleidigt hat, einen Vogel gezeigt hat, eine „üble Hauskrähe" nennt, hat eine „Meise".

Zusammenfassung und Schlußtest: Nebensätze

Nebensätze spielen in Texten eine wichtige Rolle. Man braucht sie, um sich genauer, ausführlicher oder besser auszudrücken.

Im Deutsch- oder Fremdsprachenunterricht ist es öfters nötig, Nebensätze zu bestimmen und zu untersuchen. Dabei gehst du am besten so vor:

1. Zunächst stellst du mit einem Blick fest, ob ein Nebensatz vorliegt. Das wichtigste Merkmal: Das Prädikat steht im Unterschied zum Hauptsatz an letzter Stelle.

2. Dann kannst du die Form des Nebensatzes bestimmen. Achte dabei auf das einleitende Wort, das den Nebensatz mit dem Hauptsatz verbindet.
   Es gibt drei Möglichkeiten:
   a) unterordnende Konjunktion z. B. *als, weil, obwohl* (Konjunktionalsätze)
   b) Relativpronomen oder -adverb z. B. *der, welche, wo* (Relativsätze)
   c) Fragewort z. B. *warum, wie, wohin; ob* (indirekte Fragesätze)

3. Ein Nebensatz ist immer von einem Hauptsatz abhängig, weil er ein Satzglied oder ein Attribut (Beifügung) ersetzt. Du kannst also bestimmen, welche Rolle der Nebensatz im Hauptsatz spielt.
   Gliedsätze sind Nebensätze, die ein *Satzglied* z. B. (Subjekt, Objekt oder Adverbiale) ersetzen.

Adverbialsätze sind die häufigsten Gliedsätze. Erinnere dich an die sieben verschiedenen Sinnrichtungen, die Adverbialsätze haben können.

Beispiel: Abends legen sich Tier und Mensch zur Ruhe.
Wenn der Abend hereinbricht, legen sich Tier und Mensch zur Ruhe.

Attributsätze sind Nebensätze, die ein *Attribut* (Satzgliedteil) ersetzen.

Beispiel: Das Haus meines Großvaters wird neu verputzt.
Das Haus, in dem mein Großvater wohnt, wird neu verputzt.

Test 1: *Bestimme die Form der Nebensätze.*
Abkürzungen: KS = Konjunktionalsatz, RS = Relativsatz

Schülerlaufbahn

1. Plusquamperfekt: Ich hatte das gelernt, was ich unbedingt mußte.
2. Perfekt: Ich habe gelernt, daß dies nicht genügt.
3. Präteritum: Ich lernte das, was von mir erwartet wurde.
4. Präsens: Ich lerne nun, daß nicht alles wichtig ist.
5. Futur I: Ich werde lernen, was ich brauche.
6. Futur II: Ich werde auch das gelernt haben, was ich nicht brauche.

Test 2: *Finde in den folgenden Sätzen die Attributsätze heraus. Unterstreiche sie zusammen mit ihrem Bezugswort.*

Gute Nacht!

Weil es an Schlafmöglichkeiten fehlte, kamen während des Festspiels von Edinburgh (Schottland) junge Schauspieler auf eine witzige Idee. Als ihnen das Schlafen auf der Bühne verboten wurde, erfanden sie ein neues Theaterstück, das sie „Sieben Stunden Schlaf“ nannten. Es handelt davon, daß Personen sich auf der Bühne für die Nacht vorbereiten. Und wie es ganz natürlich ist, fallen sie kurz darauf in einen tiefen Schlaf, aus dem sie erst am Morgen erwachen. Zu der Welturaufführung kam ein einziger Zuschauer, den die Schauspieler am nächsten Morgen schlafend vorfanden. Die Überraschung der Schauspieler, daß ihr Stück so großen Erfolg hatte, war groß. Der Zuschauer, der „Sieben Stunden Schlaf“ so einschläfernd gefunden hatte, war der Theaterdirektor.

Test 3: *Unterscheide die Konjunktion „daß“ vom Relativpronomen „das“. Trage das passende Wort in die Lücke ein. Schreibe dann hinter die Sätze, ob es sich um einen Gliedsatz (GS) oder einen Attributsatz (AS) handelt.*

Wunder gibt es immer wieder

1. Es kommt recht häufig vor, ... sich jemand über unsere günstigen Preise wundert. ( )
2. Unsere Möbel sind deshalb sehr günstig, weil das Material, ... wir verwenden ( ), aus eigenen Wäldern stammt.
3. Wir garantieren außerdem, ... unsere Möbel aus lange gelagertem Holz hergestellt sind. ( )
4. Manche meinen auch, ... es bei uns keinen Service gibt. ( )
5. Das Versprechen, ... wir Ihnen geben ( ), halten wir auch.
6. Jedes Möbelstück, ... Sie kaufen ( ), bringen wir bis vor Ihre Haustür.
7. ... alles bei Ihnen zu Hause von Fachleuten aufgebaut wird ( ), ist dabei selbstverständlich. ( )

Test 4: *Der Computer wird in unserem Leben immer wichtiger. Da gibt es allerhand zu fragen. Füge die folgenden Entscheidungsfragen als indirekte Fragesätze der Reihe nach in die Hauptsätze ein. Bestimme dann, ob sie Subjekt oder Objekt sind.*

Beispiel:
Ich möchte von Ihnen noch wissen, ob Ihr Computer sprechen kann. (Objekt)

1. Können Sie meinem Computer das Lesen beibringen?
2. Sortiert der Computer tatsächlich 30000 Briefe pro Stunde?
3. Gibt es einen günstigen Computer für Schüler?
4. Haben sie eine Schreibmaschine für Länder mit häufigem Stromausfall?
5. Werden Ihre Geräte auch von Fernsehanstalten verwendet?
6. Sind Funkverbindungen zwischen Zügen und Bahnhöfen jederzeit möglich?

1. Ich wollte Sie schon lange fragen, ...
2. Mir ist noch unklar, ...
3. Es würde mich sehr interessieren, ...
4. Meine Geschäftsfreunde wollen wissen, ...
5. Es kommt mir vor allem darauf an, ...
6. Bitte informieren Sie mich darüber, ...

Test 5: *Allmählich darfst du dich schon aufs Wochenende freuen. Bestimme aber vorher noch, welche Rolle die Nebensätze in den Hauptsätzen spielen. Trage die entsprechende Nummer beim passenden Begriff ein.*

Wochenendumfrage: Worauf freuen Sie sich heute?
Carmen: Mein Wunsch, daß ich am Wochenende Ski fahren kann (1), wird sich wohl nicht erfüllen. Obwohl es im Augenblick recht warm ist (2), hoffe ich, daß die Temperaturen etwas fallen (3).

Stefan: Am Wochenende sehe ich meine Freundin, die ich sehr vermisse (4). Was wir bis Sonntagabend miteinander tun (5), ist noch unklar. Aber ich bin mir sicher, daß es schön wird (6).

Roland: Das Wetter ist wärmer geworden, so daß mir das Spazierengehen wieder Spaß macht (7). Wenn ich mit meinem Stadtbummel fertig bin (8), besuche ich ein paar Freunde.

Andrea: Meine Mittagspause, in der ich einen herrlichen Salat gegessen habe (9), war sehr schön. Wer weiß, was der Abend noch bringt (10)?!

Barbara: Ich bin, wenn man so will (11), immer fröhlich. Für morgen plane ich ein großes Essen, mit dem ich meine Oma verwöhne (12), die nach langer Zeit wieder mal zu Besuch ist (13). Damit es ein Erfolg wird (14), besorge ich mir jetzt frische Kräuter.

Subjekt- oder Objektsätze:
Adverbialsätze:
Attributsätze:

Test 6: *Tierschützer kümmern sich in der letzten Zeit viel um den Wal. Bestimme die Bedeutung der Konjunktionalsätze.*

Der Wal
Bevor wir Menschen die besonderen Fähigkeiten des Wals erkannten, haben wir ihn gründlich „verarbeitet“. Erst als er fast ausgerottet war, entdeckten die Forscher seine „menschlichen“ Eigenschaften. Obwohl Wale intelligenter sind als Menschenaffen, hat man sie lange Zeit nur als Lieferanten von Fett und Fleisch betrachtet. Weil die Meeressäugetiere ihre geistigen Kräfte ganz anders einsetzen als wir Menschen, sind sie nun interessant geworden. Das witzigste Beispiel: Wale treffen sich jährlich zu einem Sängerwettstreit, wobei sie einen „Lieblingshit“ wählen. Nachdem sie sich auf eine Melodie geeinigt haben, geht sie rund um die ganze Welt.

Temporal:
Konzessiv:
Kausal:
Modal:

Test 7: *Ein Ritter hatte es nicht leicht, in seine Rüstung zu kommen. Alles mußte in der richtigen Reihenfolge getan werden.*
Bestimme jeweils das Zeitverhältnis zwischen Satz a) und b).
Schreibe jeweils hinter den Satz a) die Abkürzungen GZ, VZ oder NZ, und verwandle ihn dann in den entsprechenden Temporalsatz.
Noch ein Tip: Achte auf die verwendeten Zeiten!

Alles schön der Reihe nach!

1. a) Eisenstiefel und Blechschienen sind angelegt worden. ( )
   b) Zwei Helfer befestigen Brust- und Rückenpanzer.
2. a) Der Vorsteckbart, ein Schutz für Kinn und Zähne, wird angebracht. ( )
   b) Das Armzeug klinkt man mit Zapfen am Brustpanzer ein.
3. a) Sorgfältig werden die Helfer die Stahlhandschuhe befestigen. ( )
   b) Eine Scheibe wird vor der Achselhöhle festgemacht.
4. a) Man wird dem Ritter das große Schwert reichen. ( )
   b) Ihm wird am Ende der Helm aufgesetzt.

5. a) Die Knappen haben den Ritter fertig eingekleidet. ( )
   b) Er schwingt sich aufs Pferd und klappert davon.

Test 8: *Manche Ausdrücke mit Präpositionen lassen sich in Nebensätze umwandeln. Wenn diese Präpositionalausdrücke unübersichtlich oder umständlich sind, solltest du das tun.*

Beispiel:
Der kleine rote Punkt fällt erst bei wirklich genauem Hinsehen auf.
Der kleine rote Punkt fällt erst auf, wenn man wirklich genau hinsieht.

So lernte Opa schwimmen (aus einem Schwimmlehrbuch von 1925)

1. Wir stehen mit leicht angezogenem linken Bein fest auf dem rechten Bein und führen das linke Bein dann nach unten.
2. Sofort nach dem Eintauchen des Fußes drücken wir das linke Bein schnell gegen das rechte Bein.
3. Die Bewegung soll bis zum Schließen der Beine durchgezogen werden.
4. Sie soll nur vom linken Spielbein ohne Beteiligung des rechten Standbeines durchgeführt werden.
5. Nach dem weichen Herausheben des linken Beines aus dem Wasser muß alle Kraft zum Wegdrücken des Wassers aufgewendet werden.
6. Diese Übung wird 10mal ohne dazwischengeschobene Pausen wiederholt.

Test 9: *Jetzt lernt Opa, wie man ins Wasser springt.*
Wandle die unterstrichenen Nebensätze in kurze Präpositionalausdrücke um; dabei läßt du jeweils das Prädikat weg.

Beispiel:
weil er Angst vor dem Wasser hat
aus Angst vor dem Wasser

So lernte Opa den Kopfsprung

1. Für den Anfänger ist es wichtig, daß er Freude am Wasser hat.
2. Er wird, nachdem er erste Erfolge im hüfttiefen Wasser errungen hat, stolz auf seine Tapferkeit sein.
3. Bevor man ins Wasser springt, sollte jeder tief einatmen.
4. Nachdem man bis zum Grund hinabgetaucht ist, stößt man sich kräftig nach oben.
5. Wenn das Wasser mehr als 2 Meter tief ist, kann man dem Körper nachhelfen, indem man kräftige Armbewegungen durchführt.

Hinweis:
Ein Text, der nur aus Hauptsätzen besteht, ist meistens langweilig. Wenn du deine Ausdrucksweise verbessern willst, mußt du Nebensätze bilden und richtig einsetzen können. Dabei ist es sehr wichtig, den inhaltlichen Zusammenhang zwischen zwei Sätzen zu erkennen.

Beispiel: Satz 1: Ich gehe nicht in die Schule.
Satz 2: Ich bin krank.

Inhaltlicher Zusammenhang zwischen Satz 1 und 2: Grund oder Ursache.
Ich gehe nicht in die Schule, weil ich krank bin.

Test 10: *Der folgende Text über das Geheimnis der Zugvögel ist noch nicht ganz gelungen. Die Hauptsätze stehen unverbunden nebeneinander.*
Wandle die jeweils zweiten Sätze in die entsprechenden Konjunktionalsätze um: Die Bedeutung steht in der Klammer.

Das Geheimnis der Zugvögel

1. a) Die Zugvögel warten viele Tage auf günstige Wetterbedingungen.
   b) Sie benötigen Winde in südlicher Richtung. (Grund)
2. a) Ihr Wettersinn spürt Veränderungen im Luftdruck.
   b) Sie können ihre Flughöhe ständig korrigieren. (Folge)
3. a) Auf ihrem Flug machen sie häufig Zwischenstopps.
   b) Sie kommen ohne großen Kräfteaufwand ans Ziel. (Absicht)
4. a) Kleine Haarfedern an der Brust geben ihnen Informationen.
   b) So können sie mit dem günstigsten Wind fliegen. (Folge)

Test 11: *Verbessere den folgenden Text! Überlege dir, welcher inhaltliche Zusammenhang jeweils zwischen den Sätzen a) und b) besteht. (In der Klammer stehen jeweils zwei Möglichkeiten.)*
Mach aus unterstrichenen Sätzen passende Konjunktionalsätze.

Hochzeit bei den Vögeln

1. Der Buntspecht trommelt am liebsten auf morsche Äste.
   Sie klingen am besten. (Grund/Folge?)
2. Er hämmert mit seinem Schnabel ungefähr 40mal in der Sekunde auf das Holz ein.
   Alle Spechtweibchen im Umkreis hören ihn. (Einschränkung/Absicht?)
3. Er feiert Hochzeit.
   Das erste Weibchen ist angekommen. (Zeit/Absicht?)
4. Er streckt seinen Schnabel nach oben und begrüßt sie lautstark.
   Der Grauganter umkreist seine erwählte Graugans. (Grund/Zeit?)
5. Sie sind beide „verlobt“ und bleiben sich das ganze Leben treu.
   Sie erwidert seinen Ruf. (Bedingung/Einschränkung?)

6. Der Kleiber ist besonders raffiniert.
Er klebt die Löcher der Nistkästen oder Baumhöhlen zu. (Absicht/Grund?)
7. Er läßt dabei nur ein kleines Einschlupfloch frei.
Größere Vögel müssen sich woanders einen Platz suchen. (Folge/Zeit?)
8. Er macht sich auf die Suche nach ihr.
Er hat so für seine „Braut" eine Wohnung besorgt. (Einschränkung/Zeit?)
9. Das Blaumeisenmännchen fliegt besonders tief.
Es will durch seinen Mut das Weibchen beeindrucken. (Grund/Folge?)
10. Es folgt ihm zum gemeinsamen Nest.
Das Männchen bringt seiner Angebeteten auch noch eine Raupe als Geschenk. (Bedingung/Folge?)

Jetzt ist Schluß!

Teil II: Indirekte Rede

Einführung

Tatort: Indirekte Rede
In diesem Kapitel geht es um die indirekte Rede. Selbst Erwachsene machen da manchmal noch Fehler. Die indirekte Rede ist aber gar nicht so schwierig, wie einige Leute behaupten. Ein bißchen Scharfsinn und Kombinationsgabe sind allerdings nötig – wie im folgenden Kriminalfall.

Die verschwundenen Gummibärchen

13 junge Gummibärchen sind spurlos verschwunden. Der Tat dringend verdächtig ist Kalle Tunichtgut, 13 Jahre.

Beim polizeilichen Verhör wurden folgende Aussagen gemacht:
Ernst Tunichtgut sagte aus: „Wir haben mit den verschwundenen Gummibärchen nichts zu tun. Wir sind anständige Leute und lügen nicht."
Frieda Tunichtgut fragte: „Weshalb wird mein Sohn verdächtigt? Und haben Sie Beweise?"
Susi Tunichtgut beteuerte: „Ich bin unschuldig, ich war nämlich um 13 Uhr bei meiner Freundin. Gummibärchen habe ich hier noch nie gesehen."
Kalle Tunichtgut forderte: „Fragen Sie doch einmal meine kleine Schwester! Und lassen Sie mich bitteschön endlich in Ruhe!"
Papagei Fridolin Tunichtgut tönte: „Mmmpf! Guten Tag! Guten Abend! Wo ist denn unser Schätzchen? Mmmpf!"

Polizist Holzauge erstattet nun seinem Vorgesetzten Bericht:

„Herr Tunichtgut sagte aus, er und seine Familie hätten mit den Gummibärchen nichts zu tun. Sie seien anständige Leute und würden nicht lügen.
Frau Tunichtgut fragte, weshalb ihr Sohn verdächtigt werde und ob die Polizei Beweise habe.
Deren Tochter Susi beteuerte, sie sei unschuldig. Sie sei nämlich

um 13 Uhr bei ihrer Freundin gewesen. Gummibärchen habe sie in der Wohnung angeblich noch nie gesehen.
Deren Bruder Kalle forderte, die Polizei solle seine Schwester fragen und ihn in Ruhe lassen.
Besondere Vorfälle: Der Papagei der Tunichtguts störte durch lautes Gekrächze die Vernehmung, so daß nicht alle Aussagen erfaßt werden konnten."

Übung:

Vergleiche die direkten Äußerungen der vernommenen Personen mit ihren Äußerungen im Bericht des Polizisten und unterstreiche die Veränderungen.
Ergänze außerdem die fehlenden Sätze.

Ernst Tunichtgut sagte aus:
„Wir haben mit den verschwundenen Gummibärchen nichts zu tun. Wir sind anständige Leute und lügen nicht."

Herr Tunichtgut sagte aus, er und seine Familie hätten mit den verschwundenen Gummibärchen nichts zu tun. Sie seien anständige Leute und würden nicht lügen.

Frieda Tunichtgut fragte:
„Weshalb wird mein Sohn verdächtigt? Haben Sie Beweise?"

Frau Tunichtgut fragte,
weshalb ihr Sohn verdächtigt werde.
und ______________________________

Susi Tunichtgut beteuerte:
„Ich bin unschuldig,

____

____

Gummibärchen habe ich hier noch nie gesehen."

Tochter Susi beteuerte,

____

sie sei nämlich um 13 Uhr bei ihrer Freundin gewesen.

____

____

Du merkst:
Die Äußerungen der Familie Tunichtgut wurden nicht wortwörtlich wiedergegeben. Im Bericht des Polizisten wurden sie sprachlich verändert.

Die nichtwörtliche Wiedergabe von Äußerungen nennt man **indirekte Rede.** Man nennt sie auch „berichtete Rede“, weil berichtet wird, was jemand anderer gesagt hat. Man braucht sie vor allem in Nachrichten, Protokollen oder Inhaltsangaben.

Die indirekte Rede ist meistens abhängig von Verben wie *sagen, behaupten, fragen, auffordern.* Die Redeeinleitung „Er sagte/fragte“ o. ä. steht meistens unmittelbar vor der indirekten Rede und wird durch ein Komma von ihr getrennt: Doppelpunkt und Anführungszeichen gibt es im Unterschied zur direkten Rede nicht.

Beispiel: Ernst Tunichtgut sagte aus:
„Wir haben mit den verschwundenen Gummibärchen nichts zu tun. Wir sind anständige Leute und lügen nicht.“

Herr Tunichtgut sagte aus, er und seine Familie hätten mit den verschwundenen Gummibärchen nichts zu tun. Sie seien anständige Leute und würden nicht lügen.

Die indirekte Rede unterscheidet sich sprachlich ganz deutlich von der direkten Rede. Drei Merkmale kennzeichnen die indirekte Rede:

1. Modus
   Die indirekte Rede steht im Konjunktiv.

Beispiel:

Direkt	*Indirekt*
Susi sagte:	Susi sagte,
„Ich bin unschuldig.“	sie sei unschuldig.

2. Pronomen
   In der indirekten Rede ändern sich die Pronomen meist. Sie richten sich nach dem, der die Äußerungen wiedergibt.

Beispiel:

Direkt	*Indirekt*
Susi sagte:	Susi sagte,
„Ich bin unschuldig.“	sie sei unschuldig.

3. Satzart
   In der indirekten Rede gibt es nur den Aussagesatz. Frage- und Befehlssätze werden entsprechend umgewandelt. Deshalb gibt es weder Fragezeichen noch Ausrufezeichen.

Beispiel:

Direkt	*Indirekt*
Frieda Tunichtgut fragte: „Weshalb wird mein Sohn verdächtigt? Haben Sie Beweise?“	Frau Tunichtgut fragte, weshalb ihr Sohn verdächtigt werde und ob die Polizei Beweise habe.

Hinweis:
In der indirekten Rede kannst du die ursprünglichen Äußerungen kürzen und Unwichtiges weglassen. Dabei muß aber der Sinn erhalten bleiben.

Beispiel:

Direkt	*Indirekt*
Kalle Tunichtgut forderte: „Fragen Sie doch einmal meine heißgeliebte Schwester! Und lassen Sie mich bitteschön endlich in Ruhe!“	Der Sohn Kalle forderte die Polizisten auf, sie sollten seine kleine Schwester fragen und ihn in Ruhe lassen.

Kurze Äußerungen kannst du manchmal noch weiter zusammenfassen und durch ein passendes Substantiv ersetzen.

Beispiel:

Direkt	*Indirekt*
Papagei Fridolin: „Mmmpf! Guten Tag! Guten Abend! Wo ist denn unser Schätzchen? Mmmpf!“	Der Papagei störte durch sein Gekrächze.

Neben der indirekten Rede gibt es noch die Möglichkeit, direkte Äußerungen in einen *daß*-Satz umzuwandeln. Dies ist aber nur sinnvoll, wenn es sich um einen einzelnen Satz handelt; sonst würde sich die Konjunktion *daß* zu oft wiederholen.

Beispiel:

Direkt	*Indirekt*
Susi sagte aus: „Ich bin unschuldig.“	Susi behauptete, daß sie unschuldig ist.

Auf den nächsten Seiten werden wir die drei Merkmale, durch die sich die indirekte von der direkten Rede unterscheidet, ausführlich und der Reihe nach besprechen. –

Übrigens: Die Polizei sucht noch immer nach dem Täter oder den Tätern. Kannst du ihr einen heißen Tip geben? Es ist auch eine hohe Belohnung ausgesetzt: 13 Gummibärchen!

Modus und Tempus

Noch einige Regeln zum **Konjunktiv** vorweg:

Die indirekte Rede steht in der Regel im Konjunktiv I. Die Formen des Konjunktivs I unterscheiden sich jedoch oft nicht von den Formen des Indikativs. Deshalb gibt es (leider) zwei Zusatzregeln.

1. Zusatzregel:
Wenn sich der Konjunktiv I vom Indikativ nicht unterscheidet, ersetzt man ihn durch den Konjunktiv II.

Beispiel:

Direkt	*Indirekt*
Ernst Tunichtgut sagte aus: „Wir haben mit den verschwundenen Gummibärchen nichts zu tun."	Herr Tunichtgut sagte aus, sie hätten mit den verschwundenen Gummibärchen nichts zu tun.

2. Zusatzregel:
Wenn sich der Konjunktiv II nicht vom Indikativ Präteritum unterscheidet, wird die Umschreibung mit *würde* verwendet. Dies ist vor allem bei den schwachen Verben der Fall.

Beispiel:

Ernst Tunichtgut sagte aus: „Wir lieben Gummibärchen nicht."

Herr Tunichtgut sagte aus, sie liebten Gummibärchen nicht.
– besser und deutlicher:
sie würden Gummibärchen nicht lieben.

Die Umschreibung mit *würden* ist auch bei Verben erlaubt, deren Konjunktiv II ungebräuchlich ist oder unschön klingt.

Beispiel:

Ernst Tunichtgut sagte aus: „Wir lügen nicht."

Herr Tunichtgut sagte aus, sie lögen nicht.
– besser und üblicher:
sie würden nicht lügen.

Du siehst, daß der Konjunktiv ein sehr wichtiges Kennzeichen der indirekten Rede ist. Durch ihn drückst du aus, daß du nur von den Äußerungen eines anderen berichtest, daß du selbst sie aber nicht gemacht hast und sie vielleicht sogar bezweifelst.

Übung 1:

Vervollständige die Sätze in der indirekten Rede durch passende Sätze aus dem Kasten.

Alles nur Ausreden!
Sie behauptet, es sei zu hell zum Küssen und außerdem ...
es sei zu spät fürs Kino und außerdem ...
es sei zu heiß zum Tanzen und außerdem ...
es sei zu früh fürs Heimgehen und außerdem ...
es sei zu kalt zum Schwimmen und außerdem ...
es sei zu dunkel zum Essen und außerdem ...

sie kennt den Film schon – sie ist noch nicht müde – sie hat ihre Badekappe vergessen – sie kann den neumodischen Tanz nicht – sie macht gerade ihre Diät – ihre Zahnspange stört sie

Übung 2:

Kennst du die Sage von der verschollenen Insel Atlantis?

Die Insel Atlantis (Teil 1)
Auf dem höchsten Punkt der Insel liegt die Königsburg. In ihr befindet sich ein Heiligtum, das von einer Mauer umgeben ist. Dorthin bringen die Menschen jährlich die Früchte der Jahreszeit. Die Außenwände haben die Einwohner mit Silber überzogen, nur die Zinnen sind aus reinem Gold. Die Wände im Innern bestehen aus Bergerz. Das größte Götterstandbild erreicht mit seinem Haupt die Decke. Auch der Altar entspricht in seiner Pracht der Umgebung. An den Außenwänden umstehen goldene Säulen den Tempel.

Wandle Teil 1 in die indirekte Rede um. Benutze dabei das Präsens.

Alte Sagen berichten, ...

Übung 3:

Die Insel Atlantis (Teil 2)
Überall auf der Insel würden die Bewohner von Atlantis den Göttern prächtige Tempel erbauen. Auf der größten Insel gebe es außerdem eine große Rennbahn. Die Plätze um den Königssitz herum nähmen zahlreiche Wohnhäuser ein, die ebenfalls kostbar ausgestattet seien. Geschäftiges Treiben herrsche im Hafen. Schon von weitem könne man den Lärm und das Geschrei der Seeleute und Händler hören. Ständig kämen von auswärts Handelsschiffe, die kostbare Waren brächten.

Wandle Teil 2 in die direkte Rede um.

Auf einer alten Pergamentrolle steht: „...“

Du hast gelernt, wie der Konjunktiv in der indirekten Rede verwendet wird. Vielleicht weißt du manchmal nicht genau, welches Tempus (welche Zeitform) du wählen mußt.

Für das **Tempus in der indirekten Rede** gibt es zwei einfache Regeln:

1. Präsens und Futur bleiben in der indirekten Rede unverändert.

Beispiel:	Susi sagte/sagte/hat gesagt: „Ich bin unschuldig."	Die Tochter sagt/sagte/hat gesagt, sie sei unschuldig.
	Erich Tunichtgut sagt/sagte/ hat gesagt: „Ich werde mich beschweren."	Herr Tunichtgut sagt/sagte/hat gesagt, er werde sich beschweren.

2. Die drei Zeiten der Vergangenheit (Präteritum, Perfekt, Plusquamperfekt) werden durch das Perfekt zusammengefaßt.

Beispiel:	Susi sagt/sagte/hat gesagt: „Ich war bei meiner Freundin." oder: „Ich bin bei meiner Freundin gewesen."	Die Tochter sagt/sagte/hat gesagt, sie sei bei ihrer Freundin gewesen.

Hinweis:
Konjunktivformen der direkten Rede werden unverändert übernommen.

Beispiel:	Frieda Tunichtgut sagte: „Ich würde einem Gummibärchen nie etwas antun."	Frau Tunichtgut sagte, sie würde einem Gummibärchen nie etwas antun.

Übung 4:

Der Kriminalanwärter X hat den Verdächtigen Y verhört und ein Protokoll verfaßt. Dabei hat er aber die Aussagen in „daß"-Sätzen wiedergegeben, was nicht gut ist. Verbessere das Protokoll, indem du die Sätze 1–5 in eine richtige indirekte Rede verwandelst. Streiche das häufige „sagte er".

1. Der Verdächtige sagte aus, daß er als Täter nicht in Frage kommt, weil er als Linkshänder die Waffe gar nicht richtig in die Hand nehmen kann.
2. Er sagte weiterhin aus, daß er unschuldig ist und daß er das Opfer vorher nie gesehen hat.
3. Außerdem sagte er aus, daß er am Montag ganz bestimmt nicht am Tatort war, weil er zur gleichen Zeit seine Tante im 100 km entfernten Köln besuchte.
4. Dann sagte er, daß man ihn mit Gewalt auf die Wache geschleppt hat.
5. Schließlich sagte er, daß er sich beim Polizeipräsidenten beschweren wird.

Der Verdächtige sagte aus, ...

Übung 5:

Ein Reporter einer Schülerzeitung hat sich folgende Aussagen zum Thema Noten notiert. Kürze sie, indem du die eingeklammerten Ausdrücke wegläßt. Gib sie dann in der indirekten Rede wieder.

Umfrage: Auf welche Note sind Leute stolz?
1. *Philipp* (20): Er war sehr stolz auf die Eins in Biologie. Dafür mußte er (sich wahnsinnig anstrengen und) jeden Tag büffeln.
2. *Angelika* (19), Schülerin: Sie hat sich über die Eins in Sport gefreut. Dafür hat sie (überhaupt gar) nichts tun müssen. Deshalb wird sie Sport studieren.
3. *Markus* (39), Museumsdirektor: Auf eine Note war er nie stolz. Nur in Mathematik freute er sich (wenn er eine Eins bekam). Bei seinem Sohn wird er (sehr) nachsichtig sein.
4. *Lisa* (37), Sachbearbeiterin: Für gute Noten (im Zeichnen) mußte sie (fast) nichts tun. Sie wird bei ihren Kindern nicht viel Wert auf gute Noten legen.

Übung 6

Achte bei der Umwandlung der indirekten Rede in die direkte vor allem darauf, welche Konjunktivformen auch in der direkten Rede erhalten bleiben.

Beispiel:
Herr X sagte, die Menschen wären glücklicher, wenn sie weniger Geld hätten. Aber das sei nicht möglich.
Herr X sagte: „Die Menschen wären glücklicher, wenn sie weniger Geld hätten. Aber das ist nicht möglich.“

Aus derselben Umfrage
1. Bernd sagte, die Noten seien nie sehr wichtig gewesen. Am besten wäre es, die Kinder erst ab zehn Jahren in die Schule zu schicken.
2. Angelika sagte, in der Schule habe es immer viel Spaß gegeben.
3. Karl sagte, früher sei alles ganz anders gewesen. Heute wäre die Freude am Lernen sicher größer als früher, wenn es weniger Ablenkung gäbe.

Pronomen

Die **Personalpronomen** (= persönliche Fürwörter), die in der indirekten Rede verwendet werden, richten sich nach dem, der die Äußerungen wiedergibt. Weil dies meistens nicht dieselbe Person ist, die ursprünglich gesprochen hat, ändern sich die Pronomen.

Bei der 3. Person mußt du auf das richtige Genus (Geschlecht) achten.

Beispiel:

Direkt	*Indirekt*
Erich Tunichtgut sagte: „Ich lüge nicht."	Vater Tunichtgut sagte, er lüge nicht.
Susi Tunichtgut sagte: „Ich bin unschuldig."	Seine Tochter Susi sagte, sie sei unschuldig.

Manchmal kannst du ein Pronomen der direkten Rede auch durch ein geeignetes Substantiv ersetzen.

Beispiel:

Direkt	*Indirekt*
Vater Tunichtgut sagte: „Wir sind anständige Leute."	Herr Tunichtgut sagte, er und seine Familie (sie) seien anständige Leute.

Auch die **Possessivpronomen** (= besitzanzeigende Fürwörter) passen sich an den an, der die Äußerungen wiedergibt.

Beispiel:

Erich Tunichtgut sagte: „Meine Kinder tun so etwas nicht."	Vater Tunichtgut sagte, seine Kinder täten so etwas nicht.

Hinweis:
Auch **Raum- und Zeitangaben,** die sich auf die ursprüngliche Situation beziehen, müssen entsprechend geändert werden.

Beispiel:

Direkt	*Indirekt*
Susi sagte: „Gummibärchen habe ich hier noch nie gesehen."	Susi sagte, Gummibärchen habe sie in ihrer Wohnung noch nie gesehen.

Übung 1:

Ändere die Pronomen der direkten Rede je nach dem, wer sie wiedergibt.

Cristiana sagte: „Ich fahre gerne mit meiner Mutter nach München. Dort treffen wir unseren Freund. Mit dem werden wir dann vietnamesisch essen gehen."
Es berichtet von den Äußerungen Cristianas: ein Bekannter, Cristianas Mutter, der Freund.

Übung 2:

Mach aus dem Zeitungsbericht einen lebendigen Text, indem du die indirekte Rede in die direkte umwandelst.

11jähriger fängt Dieb
Vor einer Woche ist durch die Geistesgegenwärtigkeit des elfjährigen P. R. ein gemeiner Diebstahl verhindert worden. Am hellichten Tag entriß ein Mann einer alten Frau die Handtasche. Ihm sei der Mann schon vorher aufgefallen, weil der seine Zeitung verkehrt herum gehalten habe, meinte der junge Detektiv. Er habe sich ihm in den Weg gestellt und die gestohlene Handtasche zurückverlangt. Der Mann war wohl davon so überrascht, daß er die Tasche auf den Boden warf und flüchtete. Durch die genaue Täterbeschreibung konnte dieser kurz darauf festgenommen werden. Erst hinterher sei er sich der Gefahr bewußt geworden, gestand der junge Held. Vom Oberbürgermeister bekam er gestern als Anerkennung eine Urkunde und ein Geschenk. Die Feier im Rathaus rege ihn mehr auf als der Diebstahl, gab er zu.

Übung 3:

Du bist Protokollführer(in) bei Gericht und notierst bei der Vernehmung folgende seltsamen Ausreden.

Aus dem Bayerischen Amtsgericht

1. „Mein Nachbar ist in meine Faust hineingefallen."

Du notierst: Der Angeklagte sagte aus, ...

2. „Mein Bierkrug hat sich selbständig gemacht und das bedauernswerte Opfer ohne meine Schuld verletzt."

3. „Ich beantrage wegen erwiesener Unschuld Schadensersatz für das verschüttete Bier."

4. „Ich bitte um ein mildes Urteil. Meine Freunde vom Stammtisch sehnen sich nach mir."

Übung 4:

Verfasse einen Nachrichtentext, wobei du die direkte Rede in eine indirekte umwandelst.

Übung macht den Meister

Der Lehrer R. S. hat in Tokio den Wettbewerb der größten Schreihälse gewonnen. Er meinte: „Durch mein tägliches Traning in der Schule ist es gar nicht schwer gewesen. Meine Schüler können nicht still sein, deshalb muß ich immer sehr laut reden." Im Wettbewerb brachte er es auf satte 116,7 Dezibel (sehr starker Verkehrslärm: 100 Dezibel). „Das Preisgeld von 700 DM wird an meine Schüler verteilt. Die können nämlich noch lauter sein als ich!" behauptete der lautstarke Lehrer. Er versprach: „Nächstes Jahr werde ich wieder am Wettbewerb teilnehmen."

Übung 5:

Hast du auch schon einmal etwas gewonnen? Eine Zeitung hat eine Umfrage gemacht und die Antworten von Glückspilzen in indirekter Rede abgedruckt. Was haben die Glückspilze wörtlich gesagt? Gib die Äußerungen direkt wieder.

Schwein gehabt

1. Heide B. meinte, der Gewinn von 20000 DM habe sie sehr überrascht. Von der einen Hälfte habe sie sich einen langgehegten Wunsch erfüllt. Die andere Hälfte liege auf ihrer Bank.
2. Heino R. erklärte, er habe das erste Mal einen so großen Preis gewonnen. Mit den 30000 DM habe er sein Wohnzimmer ganz neu eingerichtet.
3. Brigitte F. sagte, sie habe die Nachricht vom Hauptgewinn kaum fassen können. Die 50000 DM kämen ihr und ihrer Familie wie gerufen, denn sie wollten noch in diesem Jahr in ihr neues Haus ziehen.

Satzarten

Die indirekte Rede ist kein selbständiger Satz, sondern abhängig von der Redeeinleitung (Sie sagte/stellte fest etc.). Die drei Hauptsatzarten Aussagesatz, Fragesatz und Befehlssatz müssen deshalb in der indirekten Rede umgewandelt werden.

1. Beim Aussagesatz ändert sich die Reihenfolge der Wörter nicht. Das hast du bei allen bisherigen Beispielsätzen automatisch richtig gemacht.

2. Beim Fragesatz mußt du zwischen der Ergänzungsfrage und der Entscheidungsfrage unterscheiden.
   a) Die Ergänzungsfrage (W-Frage) beginnt mit dem Fragewort. Das Prädikat steht – wie in einem Nebensatz – am Ende.

Beispiel:	*Direkt*	*Indirekt*
	Frieda Tunichtgut fragte: „Weshalb wird mein Sohn verdächtigt?	Frau Tunichtgut fragte, weshalb ihr Sohn verdächtigt werde.

   b) Die Entscheidungsfrage (Ja/Nein-Frage) wird mit dem Wörtchen „ob“ eingeleitet.

Beispiel:		
	Frieda Tunichtgut fragte: „Haben Sie Beweise?“	Frau Tunichtgut fragte, ob die Polizei Beweise habe.

3. Der Befehlssatz wird durch das Modalverb „sollen“ ausgedrückt.

Beispiel:		
	Kalle Tunichtgut sagte: „Lassen Sie mich in Ruhe!“	Der Sohn Kalle sagte zu den Polizisten, sie sollten ihn in Ruhe lassen.

Hinweis zur Zeichensetzung:
In der indirekten Rede gibt es kein Fragezeichen, kein Ausrufezeichen und keinen Punkt. Sie wird durch ein Komma vom Hauptsatz abgetrennt.

Übung 1:

Wandle die direkten Fragesätze in indirekte um.

Fragen kostet nichts

Ein Junge hat seinen Vater gefragt: „Du Papi,
1. Wie dick ist das Eis am Südpol?
2. Schläft das Murmeltier im Winter länger als der Igel?
3. Gibt es in Deutschland mehr Katzen als Hunde?
4. Warum haben Fallschirme in der Mitte ein Loch?
5. Kann man einen Lügner an seinem Lächeln erkennen?
6. Wie wird ein Tischtennisball hergestellt?

Da gab es einmal einen Jungen, der wollte immer alles wissen. Und so hat er seinen Vater gefragt, wie ...

Übung 2:

Wandle die direkten Befehlssätze in indirekte um. Achte dabei darauf, ob die Befehlsform im Singular oder Plural steht.

Gute Tischsitten vor 350 Jahren

Stützt den Ellbogen nicht auf den Tisch!
Sitzt aufrecht!
Lehnt euch nicht mit der Schulter an den Stuhl!
Kratzt euch nicht am Kopf!
Laßt das Nasenbohren sein!
Wendet euch auf die Seite, wenn ihr hustet!
Riecht nicht an den Speisen!
Legt nichts vom Mund auf den Teller!

In einem alten Benimmbuch stand, die Menschen sollten ...

Übung 3:

Berichte vom Inhalt der Fabel und wandle dabei die direkte Rede in die indirekte um.

Der Frosch und die Maus

Eine Maus lud einen Frosch zu sich in die Vorratskammer eines reichen Mannes ein und forderte ihn auf: „Iß nach Herzenslust und nimm dir die besten Speisen!“ Nach der Mahlzeit lud der Frosch die Maus zu sich ein: „Komm mit mir! Mäste dich an meinen Schätzen!“ Als sie an einen Fluß kamen, fragte die Maus: „Wie komme ich ans andere Ufer? Bringst du mich hinüber?“ Der Frosch sagte: „Ich binde deinen Fuß an meinen, damit du nicht ertrinkst.“ Als die Maus merkte, daß der undankbare Frosch sie ertränkte, sagte sie: „Ich werde von dir getötet werden. Aber gib acht! Ein Stärkerer wird mich rächen.“ Kurz darauf schoß ein Habicht vom Himmel herab und verschlang Maus und Frosch.

Zusammenfassung und Schlußtest: Indirekte Rede

Die indirekte Rede hat drei Merkmale:

1. Der Modus der indirekten Rede ist der Konjunktiv I. Wenn sich Konjunktiv I und Indikativ nicht unterscheiden, wird als Ersatzform der Konjunktiv II gewählt. Wenn der Konjunktiv II die gleiche Form hat wie der Indikativ (Präteritum), wird die Umschreibung mit *würde* gewählt.

Beispiel: Er sagt, sie lachen über ihn.
Er sagt, sie lachten über ihn.
Er sagt, sie würden über ihn lachen.

Die Umschreibung mit *würde* wählt man auch bei ungebräuchlichen Formen des Konjunktiv II.

Beispiel: Ich sagte, ich fahre später.
Ich sagte, ich führe später.
Ich sagte, ich würde später fahren.

2. Die Pronomen der indirekten Rede werden an den angepaßt, der die Rede wiedergibt. Du mußt vor allem bei den Personal- und Possessivpronomen darauf achten, daß keine falschen Bezüge entstehen. Bei der 3. Person mußt du zusätzlich auf das richtige Genus achten.

Beispiel:

Erich Tunichtgut sagte: „Ich bin unschuldig.“	Herr Tunichtgut sagte, er sei unschuldig.
Susi Tunichtgut sagte: „Ich bin unschuldig.“	Tochter Susi sagte, sie sei unschuldig.

3. Die Satzarten werden in der indirekten Rede unterschiedlich behandelt.
   a) Aussagesätze verändern die Reihenfolge der Wörter nicht.

Beispiel:

Erich Tunichtgut sagte: „Ich lüge nicht.“	Herr Tunichtgut sagte, er lüge nicht.

b) Ergänzungsfragen (W-Fragen) beginnen mit dem Fragewort.

Beispiel:	Er fragte: „Warum glauben Sie mir nicht?“	Er fragte, warum man ihm nicht glaube.

c) Entscheidungsfragen (Ja/Nein-Fragen) werden mit dem Wörtchen „ob“ eingeleitet.

Beispiel:	Er fragte: „Haben Sie einen Verdacht?“	Er fragte, ob die Polizei einen Verdacht habe.

d) Befehlssätze werden mit dem Verb „sollen“ wiedergegeben.

Beispiel:	Er sagte: „Verlassen Sie meine Wohnung!“	Er sagte, die Polizei solle seine Wohnung verlassen.

Test 1: *Wandle die Äußerungen des berühmten Naturwissenschaftlers Plinius (geb. 23 n. Chr.) in indirekte Aussagesätze um.*

Was die Menschen vor fast 2000 Jahren von den Bienen wußten

1. Die Bienen sind nur zum Nutzen für die Menschen geschaffen.
2. Sie verkriechen sich beim Untergang des Siebengestirns und ruhen bis zur Blütezeit der Bohnen.
3. Sie tragen das Bienenbrot zusammen; es schmeckt recht bitter und dient ihnen als Nahrung.
4. In der Nacht schlafen sie auf dem Rücken. Mit ihren Flügeln schützen sie sich vor dem Tau.
5. Bei Sturm nehmen sie fürs Gleichgewicht ein Steinchen und fliegen nur in Bodennähe.
6. Faule Bienen werden von den anderen mit dem Tode bestraft.

Vor fast 2000 Jahren war man der Meinung, ...

Test 2: *Finde heraus, wer die Wahrheit sagt. Verwandle die anderen beiden Texte in die indirekte Rede.*

Kaum zu glauben!

A sagt: „Korkland ist eine schwimmende Insel im Atlantik. Die Bewohner wirken im Aussehen wie Europäer, aber sie haben Füße aus Kork. So gehen sie im Meer nicht unter und können auf dem Wasser laufen. Die Insel selbst schwimmt auf einem riesigen Stück Kork.“

B sagt: „Die Koralleninsel umgibt ein Riff. Außerhalb tobt das Meer, innerhalb können die Kinder ganz ohne Gefahr baden. An einer Stelle schießt das Wasser 10 m hoch in die Luft.“

C sagt: „Auf der Insel Kloriole sitzen die Bewohner in Höhlennischen und schreiben Gedichte. Papierdrachen tragen dann ihre Verse zu den Priestern. Gelehrte durchsuchen ständig den Friedhof nach Büchern aus der Vergangenheit. Die Insel wird von Wildgänsen geschützt."

Test 3: *Wandle die direkte Rede in die indirekte Rede um und umgekehrt.*

Goldene Fußballspieler-Worte

1. J. H. (Trainer eines Bayernligavereins) gab zu: „Von der Bayernliga habe ich keine Ahnung."
2. S. S. (Fußballtrainer) betonte: „Von einem Mannschaftskapitän erwarte ich mehr als den Gewinn der Seitenwahl."
3. B. B. (ehemaliger Fußballspieler) sagte mit entwaffnender Ehrlichkeit, der Beruf als Manager interessiere ihn nicht. Da müsse man 48 Stunden am Tag arbeiten.
4. P. L. (Fußballspieler) meinte vor dem Abflug: „Wir müssen zuerst in Moskau spielen. Da kann ich meiner Frau ein Döschen Kaviar mitbringen."
5. F. G. (Fußballtrainer) warf dem Fußballverband vor, er stelle immer nur Weichen für Züge, die längst abgefahren seien.

Test 4: *Gib Baron Münchhausens Aufschneidereien in der indirekten Rede wieder.*

Münchhausens Übertreibungen

1. „Ich ritt auf einer Kanonenkugel ins Lager der Feinde."
2. „In Rußland war es so kalt, daß die Töne in meinem Jagdhorn einfroren."
3. „Eines Morgens hing mein Pferd an einer Kirchturmspitze."
4. „Ich schoß einen Hirsch mit Kirschkernen. Aus denen wuchs dann ein Baum."
5. „Mein treuer Jagdhund lief sich die Beine ab, so schnell war er."

Test 5: *Was haben die Kinder bei der Umfrage wirklich gesagt? Verwandle die indirekten Äußerungen in die ursprünglichen zurück. Achte auch auf die Pronomen!*

Das blöde Fernsehen! Was 10jährige so meinen

1. Christian sagt, das Fernsehen sei ein Kasten, den sein Vater um 7 Uhr anstelle und um 12 Uhr ausmache.
2. Anja bemängelt, die Leute sähen sich die Werbung über Diät an und würden dabei Unmengen von Pommes frites verschlingen.
3. Meike behauptet, sie kenne eine Familie. Dort gebe es sechs Fernseher, aber keine Bücher im Regal.
4. Viktor empfiehlt, Kinder sollten nie bei den Hausaufgaben vor dem Fernseher sitzen.
5. Ulrike bemerkt, die Ansagerinnen würden jeden Abend ein neues Kleid anziehen.

6. Tobias rät, man könne nach dem Fernsehen draußen in den Pfützen herumtoben.

Christian sagte: „..."

Test 6: *Wandle die Satzarten richtig in die indirekte Rede um.*

Der Fuchs und der Esel (1)

Ein Fuchs kommt zu einem Esel und sagt: „Du bist ein hochansehnliches Tier, und man nennt dich den Freund der Freude. Willst du mit mir im Wald spazierengehen?" Der Esel fragt: „Was gibt es dort zu sehen?" Da schwärmt der Fuchs: „Es wartet eine wunderschöne Eselin auf dich. Sie wird dir nicht widerstehen können. Glaube mir!" Und so gehen der Fuchs und der Esel zusammen in den Wald.

Test 7: *Wandle die indirekte Rede in die direkte um.*

Der Fuchs und der Esel (2)

Im Wald wartet der Löwe. Der Esel verstummt vor Schreck. Der Fuchs aber sagt zum König der Tiere, er freue sich, ihn zu sehen. Zum Frühstück bringe er ihm diesen fetten Esel mit. Er solle es sich gut munden lassen. Und womit könne er ihm noch dienen. Der ernste Löwe spricht, der Esel werde ihm zur Mahlzeit dienen. Ihn selbst wolle er zum Frühstück wählen. Und zu den Menschen gewandt rät der Löwe, sie sollten den Verräter hassen und den Verrat nützen.

Test 8: *Bereinige die folgende Tonbandaufnahme, indem du alle überflüssigen und störenden Einzelheiten wegläßt.*

Eine direkt mißglückte Rede

„Diese neue – ääähhää – Bedürfnis – öööh – anstalt wird hiermit ääääh der Bbbebevölkerung übergeben. Wo hab' ich nur meinen Merkzettel?? Sie – die Anstalt, besser gesagt das Häuschen oder nein! will sagen: diese formschöne Toilettenanlage bedeutet einen großen Fortschritt – sie ist mit den modernsten Errungenschaften ausgestattet – nein, mein Schätzchen, dein Pappi kann dich jetzt nicht auf die Schulter nehmen! Also wo war ich stehengeblieben? Ach ja! Die Firma – wie heißt die eigentlich? – Papier Müller hat großzügigerweise zur Eröffnung 10 Rollen Klopapier gespendet. Es, also das Häuschen, soll vor allem den kleinen Gästen offenstehen – ääh – zur Verfügung stehen. Schätzchen, hör auf, mich an der Hose zu ziehen! Die Stadt freut sich auf eine zahlreiche – bitte nicht drängeln!! – Benützung. (Beifall von allen Seiten)

So stand es tags darauf auf der letzten Seite in der Zeitung:
Stadtdirektor Müller weihte gestern die neue Bedürfnisanstalt am Bahnhof ein. In seiner kurzen Ansprache führte er aus, ...

Verzeichnis der grammatischen Fachausdrücke

Fachbegriff	Erklärung	Beispiel
Adverbialsatz	Umstandssatz	Nachdem ich gegessen habe, ruhe ich mich aus.
Adversativsatz	Nebensatz, der einen Gegensatz bezeichnet	Während ich ein Buch lese, sitzt du vor dem Fernseher.
Attributsatz	Beifügesatz	Das Haus, in dem mein Großvater wohnt, liegt an einem See.
Direkte Rede	Wörtliche wiedergegebene Rede	Der Angeklagte sagte: „Ich bin wirklich unschuldig."
Entscheidungsfrage	Ja-/Nein-Frage	Rufst du mich an?
Ergänzungsfrage	Frage mit Fragewort, W-Frage	Wann rufst du mich an?
Finalsatz	Zielsatz, Absichtssatz	Ich muß mich beeilen, damit der Zug nicht ohne mich abfährt.
Gliedsatz	Nebensatz in der Rolle eines Satzglieds	Wenn ich mit dem Training fertig bin, komme ich zu dir.
Hauptsatz	Selbständiger Satz	Es war einmal ein Schuster. Der hatte drei Söhne und eine Ziege.
Indirekte Frage	Abhängige Frage	Ich frage dich, ob du mich anrufst/wann du mich anrufst.
Indirekte Rede	Berichtete, nichtwörtliche Rede	Der Polizist berichtet: Der Angeklagte sagte, er sei unschuldig.
Instrumentalsatz	Umstandssatz des Mittels	Bienen verständigen sich, indem sie eine Art Tanz vorführen.
Kausalsatz	Begründungssatz	Weil es kalt ist, ziehe ich meine Pudelmütze an.
Komparativsatz	Vergleichssatz	Ich bin gescheiter, als meine Eltern vermuten.
Konditionalsatz	Bedingungssatz	Falls ich im Lotto gewinne, schenke ich dir ein Schloß.
Konjunktion, unterordnend	Bindewort, das einen Nebensatz einleitet	Weil ich hohes Fieber habe, kann ich dich nicht besuchen.
Konjunktionalsatz	Nebensatz mit unterordnendem Bindewort	Weil ich hohes Fieber habe, kann ich dich nicht besuchen.

Konsekutivsatz	Folgesatz	Ich bin so schnell, daß mich keiner erwischt.
Konzessivsatz	Einschränkungssatz	Obwohl ich keine Lust habe, mache ich meine Hausaufgaben.
Modalsatz	Umstandssatz der Art und Weise	Ich schlich zum Kühlschrank, ohne daß es jemand bemerkte.
Nebensatz	Abhängiger, unselbständiger Satz	Ich freue mich, weil ich heute Geburtstag habe.
Objektsatz	Nebensatz in der Rolle eines Objekts	Ich sehe, daß du geweint hast.
Relativsatz	Nebensatz mit Bezugswort	Das Haus, in dem mein Großvater wohnt, liegt an einem See.
Subjektsatz	Nebensatz in der Rolle eines Subjekts	Es ist schön, daß du wieder gesund bist.
Temporalsatz	Zeitsatz	Bevor wir in den Urlaub fahren, gieße ich die Blumen.

Quellenhinweise

Folgenden Büchern, die zum Weiterlesen empfohlen werden, sind inhaltliche Anregungen bzw. Texte entnommen:

Chisholm, Jane und Beeson, David (Hg.): Biologie, wie sie mir Spaß macht. Ravensburg 1986 (Otto Maier)

Da Vinci, Leonardo: Der Nußbaum im Campanile, Hg. Isolde Rieger, München 1989 (Renner)

Die Meisengeige. Zeitgenössische Nonsens-Verse. Gesammelt und herausgegeben von G. B. Fuchs. © 1964 Carl Hanser Verlag München–Wien

Roda, Martin (Hg.): Geschichten von Atlantis, Darmstadt 1986 (Luchterhand)

Zeichnungen: Martin Frei

Nachrichten aus aller Welt und Umfrageergebnisse sind (mit sprachlichen Veränderungen) der „Süddeutschen Zeitung“ und der „Abendzeitung“ (München) entnommen, Nachrichten aus der Welt der Technik oder Naturwissenschaft der Zeitschrift „P.M. Peter Moosleitners interessantes Magazin“.

„Leichter lernen, lieber lernen. Also Klett.“

Training Arithmetik
5./6. Schuljahr
Neubearbeitung
ISBN 3-12-922018-6

Training Geometrie
5./6. Schuljahr
Neubearbeitung
ISBN 3-12-922012-7

Wenn die Mathematik mal Probleme bereitet (und das soll's ja geben!), wenn wichtige Grundlagen fehlen, dann hilft Training. Denn Training gibt Nachhilfe: hier werden Schritt für Schritt die notwendigen Fertigkeiten eingeübt und fehlende Grundlagen vermittelt.

Training

Jedes Kapitel in Training ist wie eine Nachhilfestunde, und die kann zu jedem Zeitpunkt stattfinden (also bei schönem Wetter auch mal verschoben werden).

Ob das gesteckte Ziel erreicht wurde, das zeigt die Kontrolle mit den beiliegenden Lösungsheften. So wird Hürde für Hürde genommen, „bis ich ans Ziel gekommen bin“ (sagt Maica). Schritt für Schritt zum Lernerfolg – und dabei billiger als Nachhilfestunden – so geht Trainieren mit Klett.

Training Mathematik – Textaufgaben
5./6. Schuljahr
ISBN 3-12-922023-2

Training Bruchrechnung – Prozentrechnung – Zinsrechnung
6./7. Schuljahr
ISBN 3-12-922019-4

Training Geometrie
7./8. Schuljahr
ISBN 3-12-922013-5

Training Algebra
7./8. Schuljahr
ISBN 3-12-922001-1

Training Mathematik – Textaufgaben
7./8. Schuljahr
ISBN 3-12-922026-7

„Leichter lernen, lieber lernen. Also Klett."

Training Rechtschreibung I
Dehnung und Schärfung
5.-10. Schuljahr
116 Seiten + Beilage
ISBN 3-12-922055-0

Training Rechtschreibung II
Gleich- und ähnlichklingende Laute
5.-10. Schuljahr
108 Seiten + Beilage
ISBN 3-12-922056-9

Training Rechtschreibung III
Groß- und Kleinschreibung - Getrennt- und Zusammenschreibung - Fremdwörter
5.-10. Schuljahr
104 Seiten + Beilage
ISBN 3-12-922065-8

Training Aufsatz – Inhaltsangabe
7./8. Schuljahr
119 Seiten + Beilage
ISBN 3-12-922064-X

Training Aufsatz – Textbeschreibung/ Charakteristik/Gedichtinterpretation
7./8. Schuljahr
144 Seiten + Beilage
ISBN 3-12-922072-0

Training Aufsatz – Berichten/ Beschreiben/Argumentieren
7./8. Schuljahr
88 Seiten + Beilage
ISBN 3-12-922028-3

Wenn Deutsch mal Probleme bereitet (und das soll's ja geben!), wenn wichtige Grundlagen fehlen, dann hilft Training. Denn Training gibt Nachhilfe: hier werden Schritt für Schritt die notwendigen Fertigkeiten eingeübt und fehlende Grundlagen vermittelt.

Training

Jedes Kapitel in Training ist wie eine Nachhilfestunde, und die kann zu jedem Zeitpunkt stattfinden (also bei schönem Wetter auch mal verschoben werden).
Ob das gesteckte Ziel erreicht wurde, das zeigt die Kontrolle mit den beiliegenden Lösungsheften. So wird Hürde für Hürde genommen, „bis ich ans Ziel gekommen bin" (sagt Maica). Schritt für Schritt zum Lernerfolg – und dabei billiger als Nachhilfestunden – so geht Trainieren mit Klett.